Tollite, legite

meis parentibus
gratias ago

Katja Kersten-Babeck

Tollite, legite

Mit Augustinus Latein lernen

2., überarbeitete Auflage

Kartoffeldruck-Verlag

Speyer 2021

Bibliografische Information der Deutschen Nationalbibliothek

Die Deutsche Nationalbibliothek verzeichnet
diese Publikation in der Deutschen Nationalbibliografie;
detaillierte bibliografische Daten sind im Internet über
http://dnb.d-nb.de abrufbar.

Der Kartoffeldruck-Verlag publiziert zum reinen Selbstkostenpreis Bücher,
die in jeder Buchhandlung bestellt werden können, insbesondere
für Expertinnen und Experten in Altertumswissenschaft und Schule.

2. Auflage

2021

www.kartoffeldruck-verlag.de
ISBN 978-3-939526-41-4

Inhaltsverzeichnis

9	Abkürzungsverzeichnis
10	Vorwort
12	I Lectio prima o-Deklination: maskuline und neutrale Substantive und Adjektive, Iesus Possessivpronomen im Singular Konjugation: Präsens Aktiv in allen Konjugationsklassen und esse Kasusfunktionen
19	II Lectio secunda a-Deklination: feminine und maskuline Substantive, feminine Adjektive Possessivpronomen im Plural Konjugation: Imperfekt Aktiv in allen Konjugationsklassen und esse
26	III Lectio tertia 3. Deklination: Substantive Konjugation: Futur Aktiv in allen Konjugationsklassen und esse
33	Repetitio prima
39	IV Lectio quarta e-Deklination Personalpronomen 1. und 2. P. Sgl. Konjugation: Präsens, Imperfekt und Futur Passiv in allen Konjugationsklassen

	Deponens
46	V Lectio quinta Reflexivpronomen Konjugation: Perfekt und Plusquamperfekt Aktiv Akkusativ mit Infinitiv (AcI)
57	VI Lectio sexta 3. Deklination: Adjektive Relativpronomen Relativischer Satzanschluss
64	Repetitio secunda
69	VII Lectio septima Konjugation: ire im Präsens, Imperfekt, Perfekt, Plusquamperfekt und Futur Aktiv u-Deklination Personalpronomen 1. und 2.P. Pl.
76	VIII Lectio octava Partizip Perfekt Passiv (PPP) Konjugation: Perfekt und Plusquamperfekt Passiv Stammformen
88	IX Lectio nona Partizip Präsens Aktiv (PPA) Konjugation: ferre
96	Repetitio tertia

103	**X Lectio decima** Demonstrativpronomen Konjugation: fieri Doppelter Dativ
111	**XI Lectio undecima** Ablativus absolutus (Ablabs) Deklination: domus esse mit Genitiv Indikativische Nebensätze
120	**XII Lectio duodecima** Steigerung: Adjektiv, Adverb
128	**Repetitio quarta**
134	**XIII Lectio tertia decima** Konjugation: Konjunktiv Präsens, Imperfekt, Perfekt und Plusquamperfekt Gebrauch des Konjunktivs im Haupt- und Nebensatz Gebrauch des Wörterbuches
143	**XIV Lectio quarta decima** Gerundium Konjugation: posse, prodesse
151	**XV Lectio quinta decima** Gerundivum Konjugation: velle, nolle

159	Repetitio quinta
168	Litterae
174	Lösungen zu den Repetitiones
189	Wörterverzeichnis
201	Verzeichnis der Textstellen
204	Verwendete und weiterführende Literatur

Abkürzungsverzeichnis

Abl.	Ablativ
Ablabs	Ablativus absolutus
AcI	Accusativus cum infinitivo
Adv.	Adverb
Akk.	Akkusativ
Akt.	Aktiv
conf.	Confessiones
Dat.	Dativ
Dekl.	Deklination
engl.	englisch
etw.	etwas
f.	feminin
franz.	französisch
Fut.	Futur
Gen.	Genitiv
Gr	Gerundium
Gv	Gerundivum
Imperat.	Imperativ
Imperf.	Imperfekt
Ind.	Indikativ
Inf.	Infinitiv
jmd.	jemand(em)

KNG	Kasus-Numerus-Genus
Konj.	Konjunktiv
Konjunk.	Konjunktion
lat.	lateinisch
m.	maskulin
n.	neutrum
Nom.	Nominativ
P.	Person
Pass.	Passiv
Perf.	Perfekt
Pl.	Plural
Plus.	Plusquamperfekt
PPA	Partizip Präsens Aktiv
PPP	Partizip Perfekt Passiv
Präp.	Präposition
Präs.	Präsens
röm.	römisch
Sgl.	Singular
Subst.	Substantiv

Vorwort

Aurelius Augustinus war in jungen Jahren beständig auf der Suche nach dem Sinn des Lebens. Von Kindheit an genoss er eine christliche Erziehung, setzte sich aber durch seine rhetorische Ausbildung und Tätigkeit mit der antiken Philosophie auseinander. Auf die Fragen, die ihn bewegten, fand er jedoch keine befriedigenden Antworten. Im Jahre 386 erfuhr er einen Wendepunkt in seinem Leben. In Mailand hatte er eine Vision: Er hörte eine Stimme, die ihn aufforderte: *Tolle, lege* (conf. VIII 12,29) - Nimm, lies! Bezogen waren diese Worte im engeren Sinne auf eine vor ihm liegende Bibel, im weiteren Sinne auf sein Leben. Nach der Lektüre der Paulus-Briefe wurde Augustinus zum überzeugten Christen und ließ sich taufen.

Anknüpfend an dieses Ereignis versteht sich der Titel des Lehrwerkes als eine motivierende Aufforderung an diejenigen, die Latein lernen. *Tollite, legite.* - Nehmt, lest. Oder anders ausgedrückt: Greift zum Buch, lernt Latein. Ich hoffe, dass die Lernenden trotz aller Mühe, die das Erlernen einer Sprache abverlangt, eine gewisse Freude am Latein und einen liebevollen Umgang mit dem Latein entwickeln.

Auch wenn die lateinische Sprache heute nicht mehr gesprochen wird, so sollte man nicht vergessen, dass sie mit ihrem System und Wortschatz die Mutter(sprache) vieler moderner Sprachen ist. Mehr als jede andere moderne Sprache vermittelt sie noch heute durch ihre Inhalte humanistische Werte. Sie fördert durch ihre Struktur logisches Denken. Sie trägt durch ihr Vokabular erheblich zur Allgemeinbildung bei.

Tollite, legite ist als Lehrbuch für universitäre Lateinkurse, besonders im Rahmen des Theologiestudiums, geeignet.
Das große Vorbild für Augustinus war der römische Schriftsteller Cicero. Indem Augustinus dessen Stil nachahmte, schuf er eine Verbindung zwischen klassischem Latein und christlichen Inhalten - ein Aspekt, von dem Studierende der Theologie besonders profitieren.
In 15 Lektionen sind jeweils einzelne Sätze bzw. kleinere Texte und verschiedenen Übungsformen zu absolvieren, um ein Basiswissen im Satzaufbau, in der Formenlehre sowie im Wortschatz zu erwerben und zu vertiefen. Nach drei Lektionen erfolgt jeweils eine Repetitio, eine Wiederholungslektion, die den Stoff der vorangegangenen drei Lektionen aufgreift. Die Lösungen dieser Wiederholungen befinden sich am Ende des Buches. In allen Lektionen werden z. T. adaptierte Originaltexte verwendet. Die ersten drei Lektionen haben Textauszüge aus der lateinischen Bibel, der Vulgata. Ab der vierten Lektion gibt es ausschließlich Passagen aus den *Confessiones* des Augustinus. Im Kapitel Litterae stehen für die gezielte Übung der Texterschließung längere Textabschnitte zur Verfügung. Durch die schon früh erworbene Vertrautheit mit den Originaltexten kann sich nahtlos die Lektüre komplexerer Passagen aus der klassischen oder spätlateinischen Literatur anschließen.
Nach zwei Jahren des Lehrens und Lernens mit der 1. Auflage dieses Buches erfolgte eine kritische redaktionelle Überarbeitung, in der die Spuren des Fehlerteufels und andere Ungenauigkeiten beseitigt und ausgebessert wurden.

Erfurt, im Juli 2021 Katja Kersten-Babeck

I

Lectio prima

Sententiae latinae

1. Rogo ergo[1] te[2], pater[3] ...

2. Quando[4] venit regnum Dei?

3. Crede in Domino Iesu.

4. Gaudete in Domino semper[5]; iterum dico: gaudete.

5. Non habemus Regem[6].

6. Tu es Christus, filius Dei vivi.

7. „Quis[7] es, Domine?" ... „Ego sum Iesus Nazarenus[8]."

8. Magister, quod[9] est mandatum[10] magnum lege[11]?

9. Dicit ei[12] Iesus: „Vade, voca virum tuum et veni huc[13]."

10. De mundo non sunt sicut[14] et ego non sum de mundo.

11. Ecce discipuli tui faciunt, quod[15] non licet eis[16].

1: ergo: also * 2: te: dich * 3: pater: Vater * 4: quando: wann * 5: semper: immer * 6: Regem: einen / den König * 7: quis: wer * 8: Nazarenus: Nazarener *(Einwohner von Nazareth)* * 9: quod: was * 10: mandatum, i, n.: Auftrag * 11: lege: im Gesetz * 12: ei: ihr *(Dat. Sgl. f.)* * 13: huc: hierher * 14: sicut: wie * 15: quod: was * 16: eis: ihnen

12. Initium evangelii Iesu Christi, Filii Dei. ... Ecce ego mitto angelum meum ante faciem tuam[1].

1: faciem tuam: dein Gesicht, deine Gestalt

Verba latina

1	rogare rogo 1	bitten, fragen
2	venire venio 4	kommen
	regnum, i, n.	(Königs-)Herrschaft, (König-)Reich
	deus, i, m.	Gott
3	credere credo 3	glauben, anvertrauen
	in + Abl.	in, an, auf *(Frage: wo?)*
	dominus, i, m.	Herr
	Iesus, u, m.	Jesus
4	gaudere gaudeo 2	sich freuen
	iterum	wieder(um)
	dicere dico 3	sagen, sprechen
5	non	nicht
	habere habeo 2	haben, halten
6	tu	du
	esse sum	sein, existieren, leben
	filius, i, m.	Sohn
	vivus, vivum	lebend, lebendig
7	ego	ich

8	magister, tri, m.	Lehrer, Meister
	magnus, magnum	groß, bedeutend
9	vadere vado 3	gehen
	vocare voco 1	rufen, nennen
	vir, viri, m.	Mann
	tuus, tuum	dein
	et	und, auch
10	de + Abl.	von ... weg; über, hinsichtlich
	mundus, i, m.	Welt
11	ecce	siehe!, da!
	discipulus, i, m.	Schüler
	facere facio 3	tun, machen
	licet	es ist erlaubt
12	initium, i, n.	Anfang
	evangelium, i, n.	frohe Botschaft, Freudenbotschaft
	Christus, i, m.	Christus, der Gesalbte
	mittere mitto 3	schicken, senden
	angelus, i, m.	Engel, Bote
	meus, meum	mein
	ante + Akk.	vor; vorher, früher *(Adv.)*

Leiten Sie die Fremdwörter aus dem Latein her. Nutzen Sie die unten angegebenen Vokabeln.

Camping - exemplarisch – Christianisierung - Eminenz - Tango - Judikative - sozial - kapieren - Zensur - Publikum - zelebrieren - Ministrant - offiziell - florieren - error *(engl.)* - Valenz - Mode - primär

capere capio 3	nehmen, ergreifen
celebrare celebro 1	oft besuchen, feiern
exemplum, i, n.	Beispiel
socius, i, m.	Gefährte, Kamerad
florere floreo 2	blühen
officium, i, n.	Pflicht, Geschäft, Dienst
tangere tango 3	berühren
censere censeo 2	(ein)schätzen
errare erro 1	sich irren
publicus, publicum	öffentlich, allgemein
eminere emineo 2	hervorragen
ministrare ministro 1	bedienen
iudicare iudico 1	(be)urteilen, Richter sein
campus, i, m.	Ebene, Feld
primus, primum	erster
modus, i, m.	Art, Weise
valere valeo 2	gesund ~, stark ~, kräftig sein
christianus, christianum	christlich; der Christ

Exercitia latina

1. Deklinieren Sie die Verbindungen meus filius, magnum regnum *und* vivus vir.

2. Übersetzen Sie die Formen ins Deutsche. Achten Sie genau auf den Kasus (Fall) und Numerus (Anzahl).

angelum - exemplo - initiorum - socii - de campo - discipuli - modos - evangelia - in mundo - dominum tuum - de officiis - vivus filius - in meis magistris - deorum magnorum

3. Bilden Sie die Formenketten.

rogare: 3. Pl. .... - 3. Sgl. .... - 1. Sgl. .... - 2. Pl. .... - 1. Pl. .... - Imperat. Sgl. ....

mittere: 1.Pl. .... - 1. Sgl. .... - 2. Pl. .... - 2. Sgl. .... - 3. Pl. .... - 3. Sgl. ....

venire: Imperat. Sgl. .... - 3. Sgl. .... - 1. Sgl. .... - 1. Pl. .... - Imperat. Pl. ....

4. Bestimmen Sie die Verbformen. Geben Sie jeweils die Person, den Numerus (Anzahl) und die Konjugationsklasse an. Übersetzen Sie anschließend die lateinischen Formen ins Deutsche.

vocamus - gaudes - estis - habe - vadunt - dic - censet - rogate - sumus - veni - capimus - tangis - mittitis - gaudet - dicunt - habemus - este

5. Finden Sie 7 Formen von esse. Übersetzen Sie die gefundenen Formen ins Deutsche.

	A	B	C	D	E
1	S	M	I	S	T
2	E	U	E	S	T
3	T	S	M	U	N
4	S	E	M	U	U
5	E	S	T	I	S

6. Übersetzen Sie ins Lateinische.

a) du freust dich - wir bitten - fragt! - sie feiern - er sagt - sie sind - geh!
b) dem Lehrer - den Gefährten - die Anfänge - der großen Welt - deinen Mann - den Königreichen - meines Sohnes
c) Der Lehrer ruft die Schüler. - Die Söhne glauben dem Herrn. - Siehe, am Anfang ist die Freudenbotschaft von Gottes Sohn.

7. Deuten Sie die Fremdwörter.

Initiative - Publikation - dominant - Vokabel - tangieren - egoistisch - mondän - Diktat - Trauerflor

8. Kreuzen Sie die richtigen Lösungen an.

Was ist ein ...?	A	B	C
1. Subjekt	Wortart, die einen Namen angibt	Handlungsträger	Wortart, die ein Ding / Begriff angibt
2. Kasus	Fall	Zeit	Anzahl
3. Pronomen	Satzglied	Begleiter eines Substantivs	Stellvertreter für ein Substantiv
4. Dativ	2. Fall	4. Fall	3. Fall
5. Substantiv	belebter Handlungsträger	Wortart, die ein Ding / Begriff / Namen angibt	unbelebter Handlungsträger
6. Adjektiv	Wortart, die ein Verb näher beschreibt	Wortart, die eine Eigenschaft angibt	Wortart, die nie gebeugt wird
7. Prädikat	Satzaussage	Wortart, die eine Tätigkeit angibt	Satzglied

II

Lectio secunda

Sententiae latinae

1. Quam[1] pulchra es, amica mea, quam[1] pulchra es.

2. Magnificat anima mea Dominum.

3. Ego sum vitis[2] vera et Pater[3] meus agricola est.

4. Dicit ei[4] Iesus: "Ego sum via et veritas[5] et vita. "

5. Gratias ago Deo meo.

6. Memoriam nostri[6] habetis bonam semper.

7. Ego autem dico vobis[7]: "Diligite inimicos vestros."

8. Vos enim estis gloria nostra et gaudium.

9. Ecce filii eius[8] veniebant de agro.

10. In principio erat Verbum et Verbum erat apud Deum et Deus erat Verbum.

11. Videbam Satanan[9] sicut fulgur[10] de caelo.

1: quam: wie * 2: vitis *(Nom. Sgl. f.)*: Weinstock * 3: pater *(Nom. Sgl. m.)*: Vater * 4: ei: ihm * 5: veritas: Wahrheit * 6: nostri: an uns * 7: vobis: *Dat. von vos* * 8: eius: seine * 9: Satanan *(Akk. Sgl. m.)*: Satan * 10: fulgur: Blitz

12. Stephanus[1] autem plenus gratia et fortitudine[2] faciebat prodigia[3] et signa magna in populo.

13. Eram autem ignotus facie[4] ecclesiis Iudaeae[5], quae[6] erant in Christo.

14. Dimitte nobis[7] debita nostra sicut et nos dimisimus[8] debitoribus[9] nostris.

1: Stephanus: Stephanus *(Märtyrer)* * 2: fortitudine *(Abl. Sgl. f.)*: Tatkraft * 3: prodigium, i, n.: Wunder * 4: facie: dem Gesicht nach * 5: Iudaeae: in Judäa * 6: quae: welche / die * 7: nobis: *Dat. von nos* * 8: dimisimus = dimmonstareittebamus * 9: debitoribus *(Dat. Pl. m.)*: Schuldner

Verba latina

1	pulcher, pulchra, pulchrum	schön
	amica, ae, f.	Freundin
2	magnificare magnifico 1	preisen, rühmen
	anima, ae, f.	Seele, Geist
3	verus, a, um	wahr(haftig), echt, wirklich
	agricola, ae, m. (!)	Bauer
4	via, ae, f.	Weg
	vita, ae, f.	Leben
5	gratia, ae, f.	Dank, Gnade
	agere ago 3	treiben, tun, handeln
6	memoria, ae, f.	Erinnerung

	bonus, a, um	gut
	semper	immer
7	autem	aber
	vos	ihr, euch
	diligere diligo 3	lieben, hochachten
	inimicus, i, m.	Feind
	vester, vestra, vestrum	euer
8	enim	denn, nämlich
	gloria, ae, f.	Ruhm, Ehre
	noster, nostra, nostrum	unser
	gaudium, i, n.	Freude
9	ager, gri, m.	Feld, Acker
10	principium, i, n.	Anfang, Ursprung
	verbum, i, n.	Wort
	apud + Akk.	bei
11	videre video 2	sehen
	sicut	wie
	caelum, i, n. / coelum, i, n.	Himmel
12	plenus, a, um + Abl.	voll (von)
	signum, i, n.	Zeichen
	populus, i, m.	Volk
13	ignotus, a, um	unbekannt
	ecclesia, ae, f.	Versammlung; Gemeinde, Kirche
14	dimittere dimitto 3	ent-, erlassen, vergeben
	debitum, i, n.	Schuld
	nos	wir, uns

Leiten Sie die Fremdwörter aus dem Latein her. Nutzen Sie die unten angegebenen Vokabeln.

variabel - Probe - sekundär - Kopie - Ornament - pekuniär - abstinent - alien *(engl.)* - Alimente - Mirakel - dividieren - fatal - Annalen - Aquarium - integer - diszipliniert - salutieren - Monstranz

alere alo 3	ernähren
pecunia, ae, f.	Geld
fatum, i, n.	Schicksal, Verhängnis
varius, a, um	verschiedenartig, bunt
alienus, a, um	fremd
aqua, ae, f.	Wasser
probare probo 1	prüfen, billigen
ornare orno 1	schmücken
dividere divido 3	teilen
copia, ae, f.	Menge, Vorrat
integer, integra, integrum	unversehrt
disciplina, ae, f.	Lehre, Ordnung
abstinere abstineo 2	sich enthalten
monstrare monstro 1	zeigen
mirus, a, um	wunderbar, bewundernswert
secundus, a, um	zweiter, nachstehend
salutare saluto 1	(be)grüßen
annus, i, m.	Jahr

Exercitia latina

1. Bestimmen Sie die Substantive. Geben Sie Kasus (Fall), Numerus (Anzahl) und Genus (Geschlecht) an.

memoriam - verba - principiorum - agricolas - inimico - ecclesiis - amicae - debitum - gratiarum - pecuniam - agrum - populi - coela - caelo - copiae

2. Finden Sie in jeder Reihe einen Irrläufer. Begründen Sie Ihre Entscheidung.

a) plenus - populus - principium
b) agricola - vita - mundus
c) vester - pulcher - noster

3. Verbinden Sie jeweils ein Substantiv mit einem Adjektiv oder Pronomen. Achten Sie auf korrekte inhaltliche und grammatikalische Verbindungen. Übersetzen Sie diese ins Deutsche.

agricolae	pulcher
vitam	vera
verba	ignotus
inimicis	boni
angelus	nostram
ager	vestris

4. Geben Sie die entsprechende Imperfekt-Form an. Übersetzen Sie die entstandenen Formen ins Deutsche.

magnificamus - sum - dimittunt - video - agit - rogas - venit - est - gaudemus - alo - creditis - celebrant - dividitis - diligo - ornat

5. Geben Sie die lateinischen Imperfektformen aus Aufgabe 4 im jeweils anderen Numerus (Anzahl) an.

6. Lesen Sie die Inschrift und übersetzen Sie diese ins Deutsche. Beachten Sie, dass auch für U ein V geschrieben wurde.

VIRBONVSDEVMNOSTRVMMAGNIFICATENIMGAVDIVM
MAGNVMESTETTVDOMINOGRATIASAGIS

7. Ordnen Sie die Wörter inhaltlich in drei Gruppen. Welche Themenbereiche ergeben sich?

magister - ecclesia - aqua - evangelium - angelus - agricola - deus - discipulus - copia - ager

8. Übersetzen Sie die Vokabeln ins Deutsche. Die jeweils in Klammern stehende Zahl ist im deutschen Wort der Lösungsbuchstabe. Reihen Sie diese Buchstaben aneinander und Sie erfahren, in welchem Teil der Welt Augustinus das Licht der Welt erblickte.

ignotus (2): ....

plenus (2): ....

memoria (2): ....

debitum (6): ....

autem (1): ....

gaudium (1): ....

semper (5): ....

sicut (2): ....

venire (1): ....

vir (2): ....

III

Lectio tertia

Sententiae latinae

1. Panis, quem[1] ego dabo, caro mea est pro mundi vita.

2. Surgent enim pseudochristi[2] et pseudoprophetae[2] et dabunt signa magna et prodigia[3].

3. Sic omnes[4] credent in eum[5] et venient Romani et tollent nostrum et locum et gentem.

4. Nomen Domini invocabo; date magnificentiam Deo nostro.

5. Nunc amabit me[6] vir meus.

6. Invocabitis me[6] et orabitis me[6] et exaudiam vos; quaeretis me[6] et invenietis me[6].

7. Erunt signa in sole et luna et stellis.

8. Ubi enim thesaurus vester est, ibi et cor vestrum erit.

9. Dixit[7] illi[8] Iesus: „Amen dico tibi[9]: hodie mecum[10] eris in paradiso.“

1: quem: das / welches * 2: pseudo-: Lügen- * 3: prodigium, i, n.: Wunder * 4: omnes: alle * 5: eum: ihn *(gemeint ist Jesus)* * 6: me: mich * 7: dixit = dicebat * 8: illi: jenem * 9: tibi: dir * 10: mecum: mit mir

10. Ambulabo inter vos et ero vester Deus vosque eritis populus meus; ego Dominus Deus vester.

11. Relinquet homo patrem et matrem suam et adherebit[1] uxori suae et erunt duo in carne una; sacramentum hoc[2] magnum est.

12. Obsecro[3] per dominum nostrum Iesum Christum filium tuum, virum dexterae tuae, filium hominis.

1: adhereo 2 + Dat.: hängen an, sich anschließen an * 2: hoc: dieses *(bezogen auf sacramentum)* * 3: obsecro 1: ich flehe (dich an)

Verba Latina

1	panis, is, m.	Brot
	dare do 1	geben
	caro, rnis, f.	Fleisch; leibliches, irdisches Dasein
	pro + Abl.	vor, für
2	surgere surgo 3	aufstehen, sich erheben
	propheta, ae, m. (!)	Prophet, Weissager
3	sic	so
	in + Akk.	in, an, nach, auf, gegen, für *(Frage: wohin?)*
	Romanus 3	römisch; der Römer
	tollere tollo 3	aufheben, beseitigen
	et ... et	sowohl ... als auch
	locus, i, m.	Ort, Platz, Stelle

	gens, gentis, f.	Geschlecht, Gattung, Volks-stamm
4	nomen, minis, n.	Name
	invocare invoco 1	anrufen
	magnificentia, ae, f.	Ehre, Ruhm
5	nunc	nun, jetzt
	amare amo 1	lieben
6	orare oro 1	bitten, beten
	exaudire exaudio 4	erhören
	quaerere quaero 3	suchen, fragen, erforschen
	invenire invenio 4	finden, entdecken
7	sol, solis, m.	Sonne
	luna, ae, f.	Mond
	stella, ae, f.	Stern
8	ubi	wo
	thesaurus, i, m.	Schatz
	ibi	dort
	cor, cordis, n.	Herz
9	amen	amen, wahrlich, so sei es
	hodie	heute
	paradisus, i, m.	Paradies, Garten, Park
10	ambulare ambulo 1	(spazieren)gehen
	inter + Akk.	zwischen, unter
	-que	und
11	relinquere relinquo 3	verlassen, zurücklassen
	homo, minis, m.	Mensch, Mann
	pater, tris, m.	Vater

	mater, tris, f.	Mutter
	suus 3	sein, ihr
	uxor, ris, f.	Frau
	duo, duae, duo	zwei
	unus 3	ein, einziger
	sacramentum, i, n.	Sakrament, Geheimnis, Eid
12	per + Akk.	durch
	dextera, ae, f.	rechte Hand

Leiten Sie die Fremdwörter aus dem Latein her. Nutzen Sie die unten angegebenen Vokabeln.

Regent - fraternité *(franz.)* - Partei - Student - Detektiv - legal - Sorte - Terz - religiös

lex, legis, f.	Gesetz
frater, tris, m.	Bruder
pars, partis, f.	Teil
sors, sortis, f.	Los, Schicksal
tertius 3	dritter
tegere tego 3	(be)decken
religio, onis, f.	Frömmigkeit
studere studeo 2	sich bemühen
regere rego 3	lenken, leiten

Exercitia Latina

1. Deklinieren Sie die Verbindungen.

mater tua - pulchrum nomen - sol et luna - meus pater

2. Bestimmen Sie die Substantive. Geben Sie Kasus (Fall), Numerus (Anzahl) und Genus (Geschlecht) an.

hominibus - patre - soles - gentium - carnis - matrem - nomina - fratri

3. Übersetzen Sie die Wörter ins Deutsche. Beachten Sie, dass diese z.T. gebeugt sind.

domini - ibi - cordi - veni - ubi - gaudii - pani - viri

4. Übersetzen Sie ins Deutsche.

in nomine Domini - domine, exaudi nos - anno Domini

5. Setzen Sie das in Klammern stehende Adjektiv bzw. Pronomen in KNG-Kongruenz zum jeweiligen Substantiv. Übersetzen Sie die entstandenen Verbindungen ins Deutsche.

homines .... (vivus) - pani .... (magnus) - matribus .... (pulcher) - nomine .... (tuus) - propheta .... (noster) - cor .... (bonus) - sortem .... (meus)

6. Wandeln Sie die Präsensformen jeweils in die entsprechende Futurform. Übersetzen Sie anschließend die entstandenen Formen ins Deutsche.

amat ⇨ .... ⇨ ....

ambulo ⇨ .... ⇨ ....

tollit ⇨ .... ⇨ ....

surgo ⇨ .... ⇨ ....

damus ⇨ .... ⇨ ....

relinquimus ⇨ .... ⇨ ....

7. Ordnen Sie die Verbformen in die Tabelle ein.

studebo - exaudi - orabit - regebant - dare - invocabunt - estis - tegis - quaerebas - surgent - tollite - eramus - relinquam - ambulabatis - es

Präsens	Imperfekt	Futur

8. Kreuzen Sie die jeweils richtige Übersetzung an. Wenn Sie die in Klammern stehenden Zahlen Ihrer Lösungen addieren, erhalten Sie das Geburtsjahr von Augustinus.

sic	hier (1)	so (25)	ja (77)
sol	Sonne (32)	Mond (12)	Stern (45)
pro	durch (57)	vor, für (23)	mit (4)
ubi	wohin (17)	dort (85)	wo (42)
ibi	dort (69)	wo (13)	hier (72)
per	durch (36)	vor, für (11)	mit (51)
duo	dein (6)	durch (85)	zwei (27)
lex	Recht (9)	Gesetz (48)	Sitte (65)
cor	Herz (52)	Geist (7)	Sinn (82)

Repetitio prima

1. Vervollständigen Sie die Tabelle.

Ausgangsform	Kasus (Fall)	Numerus (Anzahl)	Genus (Geschlecht)	Dekl.	Nom.Sgl.	Übersetzung der Ausgangsform
matri						
loci						
legibus						
amica						
regna						
nomina						
officium						
panis						
modos						
mundi						
memoriis						
agro						
sortis						
caro						

2. Verbinden Sie jedes Substantiv mit einem passenden Adjektiv oder Pronomen. Achten Sie dabei auf grammatikalisch und inhaltlich sinnvolle Verbindungen. Übersetzen Sie diese anschließend ins Deutsche.

amicas	meo
panis	magni
nomen	variis
signa	ignotorum
legibus	pulchras
patri	noster
hominum	tuum
magistri	bona

3. Vervollständigen Sie die Tabelle, indem Sie die jeweils fehlenden Formen bilden. Behalten Sie dabei Person und Numerus (Anzahl) bei.

Präsens	Imperfekt	Futur
	ambulabas	
tangimus		
		erit
		habebunt
exauditis		
	capiebam	

4. Ordnen Sie die Verben den entsprechenden Verbklassen zu.

invenio - gaudeo - facio - do - ago - relinquo - invoco - video - amo - habeo - dico - exaudio

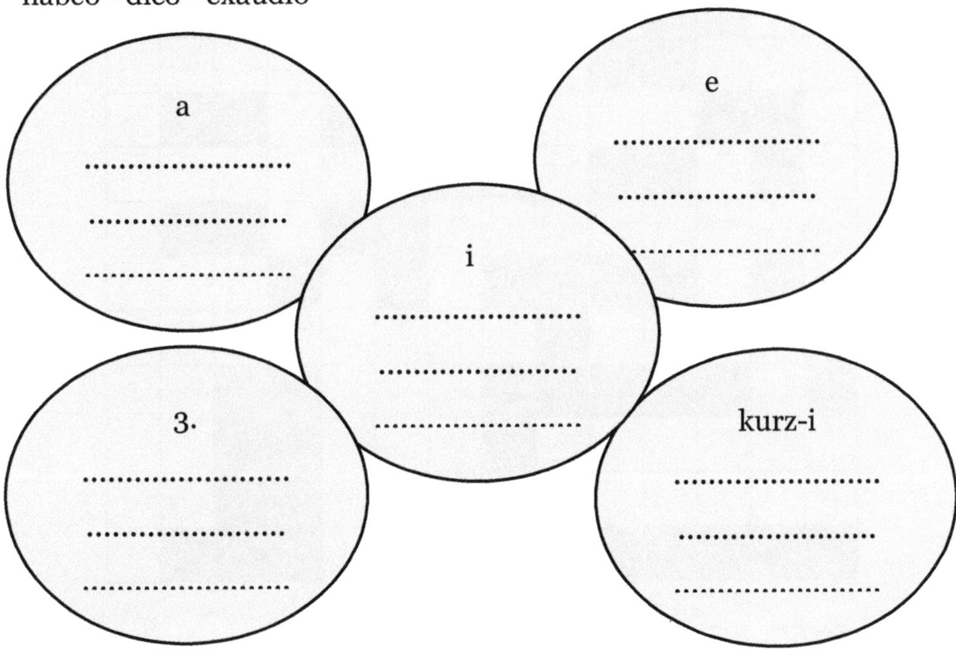

5. Übersetzen Sie die Verbformen ins Deutsche.

videt - exaudi - quaerebant - estis - do - facere - dimittebatis - vadam - ora - dices - tollis - dicebat - eramus - gaudetis - probate - invocabit - surgemus - tegebant - studemus

6. Welche Bedeutung haben die folgenden italienischen Wörter?

amore - uomo - cuore - padre - sole - madre - pane - carne - stella - luna - nome - dare - tesoro

7. Lösen Sie das Kreuzworträtsel.

1	2				3	■	■	4		5			■
		■	■	6				■	■	7		■	8
9			■	■	10								
	■	■	11						■		■	■	
	■	12	■	■		■	■	■	13				
14							15	■	■		■	■	
	■		■	■	■	■		■	16	■	17	18	
■	19				■	20		21					
■		■	■	■	■	■				■	■		
22						■				■	■		
24					■	■	■			■	■		
■	■	■	■	■	25					■	■	■	

Waagerecht

1: mater - 4: semper - 6: verbum - 7: in - 9: est - 10: invenire - 11: caelum - 13: anima - 14: exaudire - 17: bonus - 19: cor - 20: discipulus – 22: gaudium - 24: magnus - 25: videre

Senkrecht

1: magister - 2: nos - 3: Romanus - 5: facere - 8: credere - 12: honor - 15: non - 16: quaerere - 18: de - 19: dominus - 21: hodie

8. Deuten Sie die Fremdwörter, indem Sie diese aus dem Latein herleiten.

Lokal - partizipieren - Solarium - signalisieren - Prinzip - zensieren - Amateur - Bonität - agil - Division - sortieren

9. Ordnen Sie die Wörter in die Tabelle ein. Übersetzen Sie die zugeordneten Wörter ins Deutsche.

thesauri - vado - ego - soli - copiarum - ante - da - bonis - inter - stellam - meus - alere - vivus - surgere - in - dominorum - magnos - nostros - vos - integro

Substantiv	Adjektiv	Pronomen	Verb	Präposition

10. Erklären Sie die grammatikalischen Begriffe.

Prädikat - Futur - Objekt - Kasus - Imperfekt - Numerus - Präsens - Genus - Subjekt - adverbiale Bestimmung

11. Übersetzen Sie den Text ins Deutsche.

Der gute Hirte

Ego sum pastor[1] bonus. Bonus pastor[1] animam suam dat pro ovibus[2]. Mercennarius[3], qui[4] non est pastor[1], videt lupum[5] et dimittit oves[2] et fugit[6]; et lupus[5] rapit[7] et dispergit[8] oves[2]. Ego sum pastor[1] bonus et cognosco[9] meas oves[2] et cognoscunt[9] me[10] meae oves[2] sicut novit[11] me[10] Pater; et ego agnosco[12] Patrem; et animam meam pono[13] pro ovibus[2].

1: pastor, ris, m.: Hirte * 2: ovis, ovis, f.: Schaf * 3: mercennarius, i, m.: Tagelöhner * 4: qui: welcher / der * 5: lupus, i, m.: Wolf * 6: fugio 3: fliehen * 7: rapio 3: rauben, reißen * 8: dispergo 3: zerstreuen * 9: cognosco 3: erkennen * 10: me: mich * 11: novit: er hat erkannt * 12: agnosco 3: erkennen * 13: pono 3: geben

IV

Lectio quarta

Sententiae latinae

1. Et tamen peccabam, domine deus, ordinator et creator rerum, peccatorum autem tantum[1] ordinator, domine deus meus, peccabam faciendo[2] contra[3] praecepta[4] parentum et magistrorum.

2. Infirmum autem in fide recipite.

3. Vocas lucem diem et tenebras[5] noctem.

4. Bonae spei puer appellabar.

5. Sed liber exhortationem continet ad philosophiam et vocatur *Hortensius*[6].

6. In mansuetudine[7] opera tua perfice et ab omni[8] homine diligeris.

7. Et quid[9] erat, quod[10] me delectabat, nisi[11] amare et amari?

8. Caelibatus mihi laboriosus videbatur.

1: tantum: so sehr * 2: faciendo: als ich handelte * 3: contra + Akk.: gegen * 4: praeceptum, i, n.: Vorschrift * 5: tenebrae, arum, f.: Finsternis, Dunkelheit * 6: Hortensius: Hortensius *(verlorene philosophische Schrift Ciceros)* * 7: mansuetudo, dinis, f.: Sanftmut, Milde * 8: omni: jedem *(bezogen auf homine)* * 9: quid: was * 10: quod: was * 11: nisi: außer

9. Gratias tibi, dulcedo[1] mea et honor meus et fiducia[2] mea, deus meus, gratias tibi de donis tuis; sed tu mihi ea[3] serva. Ita[4] enim servabis me, et augebuntur et perficientur, quae[5] dedisti[6] mihi.

10. Munera tua tibi confiteor, domine deus meus, creator.

11. Ecce enim tu, domine, rex meus et deus meus, tibi serviat[7], quod[8] loquor et scribo et lego et numero.

1: dulcedo, dinis, f.: Liebreiz * 2: fiducia, ae, f.: Vertrauen, Zuversicht * 3: ea: diese *(bezogen auf donis tuis)* * 4: ita: so * 5: quae: welche / die *(bezogen auf donis tuis)* * 6: dedisti = dabas * 7: serviat: es soll dienen * 8: quod: was

Verba latina

1	tamen	dennoch, jedoch
	peccare pecco 1	sündigen
	ordinator, ris, m.	Ordner
	creator, ris, m.	Schöpfer
	res, rei, f.	Ding, Sache, Angelegenheit
	peccatum, i, n.	Sünde
	parentes, um, m. (!)	Eltern
2	infirmus 3	schwach, krank
	fides, ei, f.	Treue, Zuverlässigkeit, Glaube
	recipere recipio 3	aufnehmen, zurückholen
3	lux, lucis, f.	Licht

	dies, diei, m. (!)	Tag
	nox, noctis, f.	Nacht
4	spes, spei, f.	Hoffnung
	puer, i, m.	Junge
	appellare appello 1	anreden, nennen
5	sed	aber, sondern
	liber, bri, m.	Buch
	exhortatio, onis, f.	Aufmunterung, Ermahnung
	continere contineo 2	zusammen-, fest-, enthalten
	ad + Akk.	zu, an, bei
	philosophia, ae, f.	Philosophie
6	opus, peris, n.	Arbeit, Mühe, Werk
	perficere perficio 3	vollenden
	a / ab + Abl.	von
7	delectare delecto 1	erfreuen
8	caelibatus / coelibatus, i, m.	Zölibat, Ehelosigkeit
	laboriosus 3	beschwerlich
	videri videor 2	scheinen
9	honor, ris, m.	Ehre
	donum, i, n.	Geschenk, Gabe
	servare servo 1	erhalten, bewahren
	augere augeo 2	vermehren, vergrößern
10	munus, neris, n.	Geschenk, Aufgabe
	confiteri confiteor 2 + Dat.	sich bekennen zu, jmd. etw. anerkennen
11	rex, regis, m.	König
	loqui loquor 3	reden, sprechen

scribere scribo 3	schreiben, malen
legere lego 3	lesen
numerare numero 1	zählen

Leiten Sie die Fremdwörter aus dem Latein her. Nutzen Sie die unten angegebenen Vokabeln.

flexibel - oral - okkupieren - Pedal - Utensilien - Defensive - feminin - hospitieren - Quartal - speziell - kompatibel - Kult - offensiv - liberty *(engl.)* - dubios

species, ei, f.	(An-)Blick, Aussehen, Erscheinung
uti utor 3 + Abl.	gebrauchen, benutzen
pati patior 3	(er)dulden, leiden
hospes, pitis, m.	Gast(freund)
flectere flecto 3	biegen, beugen
colere colo 3	pflegen, (ver)ehren
defendere defendo 3	verteidigen
offendere offendo 3	anstoßen, verletzen
pes, pedis, m.	Fuß
quartus 3	vierter
os, oris, n.	Mund, Eingang
libertas, atis, f.	Freiheit
femina, ae, f.	Frau
dubitare dubito 1	zweifeln, zögern
occupare occupo 1	in Besitz nehmen, besetzen

Exercitia latina

1. Deklinieren Sie die Verbindungen.

pulchra species - bonus dies - magnus pes

2. Übersetzen Sie die Formen ins Deutsche.

faciebatur - exaudiri - regemini - continebuntur - dabor - tegi - invocaris - quaeritur - dividuntur - numeratur - delectabar - recipiemini - utentur - colebatur - defenderis - videtur - patiuntur - flectebamur - appellabaris - scribar - relinquebamur - loqueris

3. Finden Sie in jeder Reihe einen Irrläufer. Begründen Sie Ihre Entscheidung.

a) modus - munus - dominus - locus
b) spes - hospes - res - species
c) species - fides - dies - res
d) pes - lux - nox - lex
e) reficiar - colebaris - numerabitur - diligentur
f) scribitur - legitur - utitur - diligitur

4. Übersetzen Sie ins Deutsche.

mihi - nos - a te - me - tu - vos - ego - tibi - mecum - te

5. Aufgepasst! Einige Übersetzungen sind fehlerhaft. Finden Sie alle Fehler und berichtigen Sie diese.

Pulchra dona mihi da. - Gebt mir schöne Geschenke.

Oro te. - Ich bitte dich.

Magnus rex a te vocabitur. - Der große König wird von mir gerufen.

Mecum loquntur. - Sie werden mit mir genannt.

Ego te utor. - Tu brauchst mich.

Me quaerebas. - Du fragst mich.

Tibi dimittet. - Er vergibt mir.

Vir a me reliquitur. - Der Mann verlässt mich.

6. Beantworten Sie die Fragen.

Was ist eine Schwiegertochter *in spe*? - Was bedeutet *mopsfidel*? - Was versteht man unter dem *Dies academicus*? - Wie kommt man, wenn man *per pedes* kommt? - Was meint der Pädagoge, wenn er von *puerilem* Verhalten spricht? - Was ist ein *Vademecum*?

7. Die Anfangsbuchstaben der Verben, die keine Deponentien sind, ergeben die Stadt, in der Augustinus seine erste Anstellung als Rhetoriklehrer hatte.

coluntur - alimur - uti - recipiebar - tegar - patior - habebuntur - amabatur - loquimini - gauderi - offenduntur - confiteri

8. Ordnen Sie die Substantive in die Tabelle ein.

species - cor - munus - pes - philosophia - donum - nomen - dies - res - honor - propheta - modus

maskulin	feminin	neutrum

V

Lectio quinta

Sententiae latinae

1. Et vidisti, deus, omnia, quae[1] fecisti, et ecce bona valde.

2. Fuistis aliquando tenebrae, nunc autem lux in domino.

3. Iustus es, domine, nos autem peccavimus, inique[2] fecimus.

4. Imperfectum viderunt oculi tui, et in libro tuo omnes[3] scribentur.

5. Quid tunc egisti, deus meus?

6. Dixi tunc multa in hac[4] sententia caris meis.

7. Mecum puer creverat et pariter[5] in scholam ieramus[6] pariterque[5] luseramus.

8. Dolebam et flebam. miser enim eram et amiseram gaudium meum.

9. Verba eius[7] audi[v]eram et placuerant mihi.

10. Tum subito repletus[8] amore sancto et sobrio[9] pudore, iratus sibi, coniecit[10] oculos in amicum.

1: omnia, quae: alles, was * 2: inique: übermäßig * 3: omnes: alle *(Menschen mit ihren Sünden)* * 4: hac: dieser *(bezogen auf sententia)* * 5: pariter: gleichzeitig * 6: ieramus: wir waren gegangen * 7: eius: seine * 8: repletus + Abl.: erfüllt mit * 9: sobrius 3: rein * 10: conicio 3 (conieci): richten

11. Putabam enim Alypium[1] cum patre sentire.

12. Verum est enim, domine, fecisse te caelum et terram. Et verum est esse principium sapientiam tuam, in qua[2] fecisti omnia[3].

13. Poenaliter[4] me peccare confiteor.

14. Amicos gratis diligebam vicissimque[5] ab eis[6] me diligi gratis sentiebam.

15. Itaque dicebat audisse se a patre.

16. Videmus luminaria[7] fulgere[8] desuper[9], solem sufficere[10] diei, lunam et stellas consolari[11] noctem atque his omnibus[12] notari et significari tempora.

1: Alypius, i, m.: Alypius *(Freund des Augustinus)* * 2: in qua: durch die * 3: omnia: alles * 4: poenaliter: qualvoll * 5: vicissim: andererseits * 6: eis: ihnen * 7: luminar, ris, n.: Licht * 8: fulgeo 2: strahlen * 9: desuper: von oben her * 10: sufficio 3 + Dat.: den Grund legen für * 11: consolor 1: trösten * 12: his omnibus: durch diese alle / mit diesen allen

Verba Latina

	quintus 3	fünfter
1	valde	sehr
2	(ali)quando	(irgend)wann
	tenebrae, arum, f.	Schatten, Finsternis
3	iustus 3	gerecht

4	oculus, i, m.	Auge
	imperfectus 3	unvollkommen
5	quid	was
	tunc	dann, damals
6	multi, ae, a	viele
	sententia, ae, f.	Gedanke, Meinung, Sinn, Bedeutung, Satz, Ausspruch
	carus 3	lieb, wert, teuer
7	crescere cresco 3 (crevi)	(auf)wachsen
	schola, ae, f.	Schule, Vorlesung; Muße, Ruhe
	ludere ludo 3 (lusi)	spielen
8	dolere doleo 2 (dolui)	schmerzen, Schmerz empfinden
	flere fleo 2 (flevi)	weinen
	miser, misera, miserum	unglücklich, erbärmlich
	amittere amitto 3 (amisi)	loslassen, verlieren
9	audire audio 4 (audivi)	hören
	placere placeo 2 (placui)	gefallen
10	tum	dann, damals
	subito	plötzlich
	amor, ris, m.	Liebe
	sanctus 3	heilig
	pudor, ris, m.	Scham, Scheu, Ehrgefühl
	iratus 3	zornig
	se (Dat.: sibi, Akk.+Abl.: se)	sich
	amicus, i, m.	Freund

11	putare puto 1 (putavi) + Akk. + Akk.	meinen, glauben; halten für
	cum + Abl.	mit
	sentire sentio 4 (sensi)	fühlen, wahrnehmen, verstehen, denken
12	terra, ae, f.	Erde
	sapientia, ae, f.	Weisheit, Klugheit
14	gratis	gern
15	itaque	und so, daher
16	atque	und (sogar)
	notare noto 1 (notavi)	kennzeichnen, wahrnehmen
	significare significo 1 (significavi)	bezeichnen, kenntlich machen
	tempus, poris, n.	Zeit

Wiederholen Sie die Vokabeln und prägen Sie sich die Perfektformen ein.

V-PERFEKT

amare amo 1 (amavi)	lieben
ambulare ambulo 1 (ambulavi)	(spazieren)gehen
appellare appello 1 (appellavi)	anreden, nennen
celebrare celebro 1 (celebravi)	oft besuchen, feiern
delectare delecto 1 (delectavi)	erfreuen
dubitare dubito 1 (dubitavi)	zweifeln, zögern
errare erro 1 (erravi)	sich irren
exaudire exaudio 4 (exaudivi)	erhören

invocare invoco 1 (invocavi)	anrufen
iudicare iudico 1 (iudicavi)	(be)urteilen, Richter sein
magnificare magnifico 1 (-ficavi)	preisen, rühmen
ministrare ministro 1 (ministravi)	bedienen
numerare numero 1 (numeravi)	zählen
occupare occupo 1 (occupavi)	in Besitz nehmen, besetzen
orare oro 1 (oravi)	bitten, beten
ornare orno 1 (ornavi)	schmücken
peccare pecco 1 (peccavi)	sündigen
probare probo 1 (probavi)	prüfen, billigen
quaerere quaero 3 (quaesivi)	suchen, fragen
rogare rogo 1 (rogavi)	bitten, fragen
salutare saluto 1 (salutavi)	(be)grüßen
servare servo 1 (servavi)	erhalten, bewahren
vocare voco 1 (vocavi)	rufen, nennen

U-PERFEKT

abstinere abstineo 2 (abstinui)	sich enthalten
alere alo 3 (alui)	ernähren
censere censeo 2 (censui)	(ein)schätzen
colere colo 3 (colui)	pflegen, (ver)ehren
continere contineo 2 (continui)	zusammen-, festhalten, etw. enthalten
eminere emineo 2 (eminui)	hervorragen
florere floreo 2 (florui)	blühen
habere habeo 2 (habui)	haben, halten
licet (licuit)	es ist erlaubt

studere studeo 2 (studui)	sich bemühen
valere valeo 2 (valui)	gesund ~, stark ~, kräftig sein

S-PERFEKT

augere augeo 2 (auxi)	vermehren, vergrößern
dicere dico 3 (dixi)	sagen, sprechen
diligere diligo 3 (dilexi)	lieben, hochachten
dimittere dimitto 3 (dimisi)	ent-, erlassen, vergeben
dividere divido 3 (divisi)	teilen
flectere flecto 3 (flexi)	biegen, beugen
mittere mitto 3 (misi)	schicken, senden
regere rego 3 (rexi)	lenken, leiten
scribere scribo 3 (scripsi)	schreiben, malen
surgere surgo 3 (surrexi)	aufstehen, sich erheben
tegere tego 3 (texi)	(be)decken

REDUPLIKATIONSPERFEKT

credere credo 3 (credidi)	glauben, anvertrauen
dare do 1 (dedi)	geben
tangere tango 3 (tetigi)	berühren

STAMMPERFEKT

defendere defendo 3 (defendi)	verteidigen
offendere offendo 3 (offendi)	anstoßen, verletzen

DEHNUNGSPERFEKT

agere ago 3 (egi)	treiben, tun, handeln
capere capio 3 (cepi)	nehmen, ergreifen
facere facio 3 (feci)	tun, machen
invenire invenio 4 (inveni)	finden, entdecken
legere lego 3 (legi)	lesen
perficere perficio 3 (perfeci)	vollenden
recipere recipio 3 (recepi)	aufnehmen, zurückholen
relinquere relinquo 3 (reliqui)	verlassen, zurücklassen
venire venio 4 (veni)	kommen
videre video 2 (vidi)	sehen

UNREGELMÄSSIGES PERFEKT

esse sum (fui)	sein, existieren, leben
tollere tollo 3 (sustuli)	aufheben, beseitigen

Exercitia latina

1. Geben Sie zu den Perfekt- und Plusquamperfektformen jeweils die Ausgangsform (1. P. Sgl. Präs. Akt.) an. Übersetzen Sie anschließend die Perfekt- bzw. Plusquamperfektformen ins Deutsche.

fecimus - dedisti - aluerunt - numeravistis - flexisse - floruit - perfeci - crediderunt - venimus - tetigistis - sustulisti - cepi - magnificavi - egit

surrexerat - valueramus - oraveram - censueratis - occupaveras - habuerant - dilexeratis - dubitaveras - abstinueram - erraveramus

misimus - quaesiverat - dixi - reliquerunt - rexeratis - viderant - ornavistis - auxisse - delectaveram - scripsisti - fuit - peccaveramus

2. Bestimmen und übersetzen Sie die Formen.

offendi - perfici - perfeci
flectimus - probavimus - venimus
eram - credideram - fueram
sustulit - vadit - erit

3. Vervollständigen Sie die Tabelle, indem Sie die jeweils fehlenden Formen bilden. Behalten Sie dabei Person und Numerus (Anzahl) bei.

Präsens	Imperfekt	Futur	Perfekt	Plusquam.
	peccabat			
flectimus				
			sustulerunt	
		ero		

4. Übersetzen Sie die Formen ins Deutsche.

recipis - legar - augebant - colui - orate - continuisti - amaverant – scripsit - surge - reguntur - videbunt - agebatur - auxeras - dedisse - rogaris - defendent - perficiet - videtur - quaesiveramus - ali

5. Bilden Sie jeweils aus den beiden Sätzen einen Satz mit AcI. Übersetzen Sie die entstandenen Sätze.

a) Agricola videt: Multae stellae nocte in caelo sunt.

b) Mater putat: Puer in schola semper studuit.

c) Nostri magistri dicebant: Alieni reges thesauros suos valde auxerunt.

d) Vir infirmus sentit: Ab inimicis in tenebris capitur.

e) Optas: Tu semper integer es.

6. Verbinden Sie jeweils einen AcI-Auslöser mit einer inhaltlich passenden AcI-Konstruktion. Übersetzen Sie die entstandenen Sätze ins Deutsche.

Agricolae dixerunt	tempus hominibus non esse.
Non bonum est	furorem magnum inimicos nocte relinquere.
Amicus spem habet	filium carum libros scholae in via amisisse.
Rex notabit	se agros suos semper coluisse.
Parentes putabant	donum pulchrum amicae valde placere.

7. Ordnen Sie die Pronomen zu.

te - nostra - se - ego - vestris - tibi - meo - tuos - sibi - mecum - nos

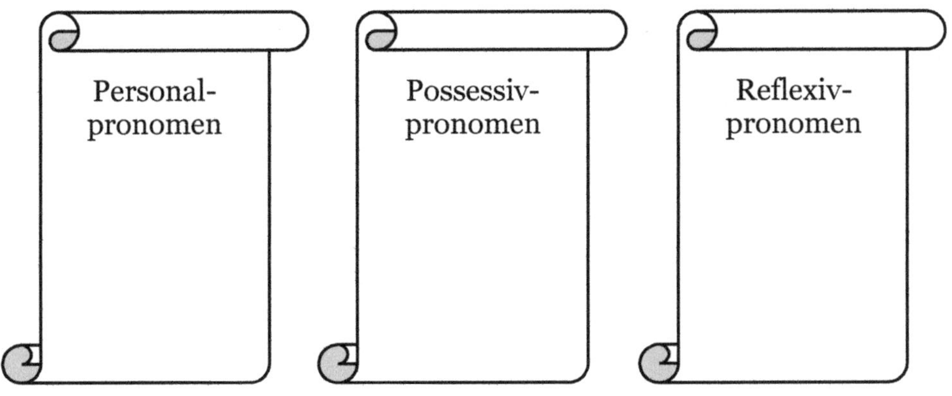

8. Kreuzen Sie die jeweils richtige Übersetzung der entsprechenden lateinischen Vokabel an. Die Lösungsbuchstaben geben aneinandergereiht die lateinischen Namen zweier Städte, in denen Augustinus tätig war.

via	**R** Weg	**M** Leben	**K** ihr
ager	**A** ernähren	**N** treiben, tun, handeln	**O** Feld, Acker
spes	**O** Fuß	**M** Hoffnung	**L** Schicksal, Los
cum	**A** mit	**R** nun	**S** damals, dann
caro	**M** Fleisch	**F** Herz	**X** mit
non	**E** ihr	**L** wir	**E** nicht
ante	**G** zu, an, bei	**D** vor	**Q** bei
itaque	**C** plötzlich	**I** und so, daher	**F** und (sogar)
tangere	**M** (be)decken	**A** aufheben, beseitigen	**O** berühren
tamen	**L** dennoch, jedoch	**T** aber	**B** nämlich, denn
lex	**B** Recht	**A** Gesetz	**C** Licht
ibi	**N** dort	**R** wo	**D** Recht
stella	**P** Sonne	**O** Mond	**U** Stern
vir	**O** ihr	**M** Mann	**I** wir

VI

Lectio sexta

Sententiae latinae

1. Amare et amari dulce mihi erat.

2. Deus meus, inluminabis[1] tenebras meas, et de plenitudine tua omnes nos accepimus. Es enim tu lumen verum, quod inluminat[1] omnem hominem.

3. Et constituebam in conspectu spiritus mei[2] universam creaturam, sicuti[3] est terra et mare et aer[4] et sidera[5] et arbores et animalia mortalia.

4. Senex omnium liberalium doctrinarum peritissimus[6], quique[7] philosophorum tam multa legerat et diiudicaverat[8], doctor tot nobilium senatorum[9].

5. Vade, vende omnia, quae habes, da pauperibus et habebis thesaurum in caelis.

1: inlumino 1: erleuchten * 2: in conspectu spiritus mei: vor meinem geistigen Auge * 3: sicuti = sicut * 4: aer, aeris, m.: Luft * 5: sidus, sideris, n.: Stern * 6: peritissimus 3 + Gen.: sehr erfahren in * 7: quique = qui * 8: diiudico 1: durchdenken, beurteilen * 9: senator, is, m.: Senator

6. Ita[1] duae voluntates meae, una vetus, alia nova, illa[2] carnalis, illa[2] spiritalis, confligebant[3] inter se atque dissipabant[4] animam meam.

7. Qui in parvo fidelis est, et in magno fidelis est.

8. Sic enim Carthaginis[5] memini[6], sic omnium locorum, quibus interfui, sic facies hominum, quas vidi.

9. Venit[7] in hunc[8] mundum peccatores salvos facere. Cui confitetur anima mea et sanat[7+9] eam[10].

10. Quid est autem, quod me movit, domine deus meus, ut[11] ad Hierium[12], Romanae urbis oratorem, scriberem[13] illos[14] libros? Quem non noveram facie, sed amaveram hominem ex[15] doctrinae fama.

1: ita: so * 2: illa: jener *(bezogen auf una bzw. alia)* * 3: confligo 3: kämpfen, streiten * 4: dissipo 1: zerstören * 5: Carthago, ginis, f.: Karthago *(Stadt in Nordafrika)* * 6: memini *(1. Sgl. Perf.)* + Gen.: sich erinnern an *(Übersetzung im Präs.)* * 7: *gemeint ist Gott* * 8: hunc: diese *(bezogen auf mundum)* * 9: sano 1: heilen, wieder zur Vernunft bringen * 10: eam: sie, diese *(gemeint ist animam)* * 11: ut: dass * 12: Hierius, i, m.: Hierius *(römischer Redner)* * 13: scriberem = scribebam * 14: illos: jene *(bezogen auf libros)* * 15: ex + Abl.: wegen, auf Grund

Verba Latina

1	dulcis, e	angenehm, süß, lieblich
2	plenitudo, dinis, f.	Fülle
	omnis, e	jeder, ganz, *Pl.:* alle
	accipere accipio 3 (-cepi)	an-, aufnehmen

	lumen, minis, n.	Licht, Klarheit
	qui, quae, quod	der, welcher
3	constituere constituo 3 (-stitui)	aufstellen, festsetzen, beschließen
	universus 3	ganz, insgesamt, allgemein
	creatura, ae, f.	Schöpfung, Welt
	mare, ris, n.	Meer
	arbor, ris, f. (!)	Baum
	animal, is, n.	Lebewesen
	mortalis, e / mortalis, is, m.	sterblich, vergänglich, menschlich / der Mensch
4	senex / senex, nis, m.	alt / alter Mann
	liberalis, e	frei, großzügig, vornehm, anständig
	doctrina, ae, f.	Unterricht, Bildung, Lehre
	philosophus, i, m.	Philosoph
	tam	so
	doctor, ris, m.	Lehrer
	tot	so viel(e)
	nobilis, e	adlig, vornehm, berühmt, bekannt
5	vendere vendo 3 (-didi)	verkaufen
	pauper, eris	arm
6	voluntas, atis, f.	Wille, Wunsch, Vorhaben
	vetus, teris	alt
	alius, a, ud (!)	ein anderer
	novus 3	neu, jung
	carnalis, e	fleischlich, leiblich, irdisch, sündhaft

	spirit(u)alis, e	geistig, geistlich
7	parvus 3	klein, gering, unbedeutend
	fidelis, e / fidelis, is, m.	treu, zuverlässig, gläubig / der Gläubige
8	interesse intersum (-fui)	dazwischen sein, sich befinden, teilnehmen an
	facies, ei, f.	Gestalt, Gesicht
9	peccator, ris, m.	Sünder
	salvus 3	gesund, wohlbehalten
10	movere moveo 2 (movi)	bewegen
	urbs, bis, f.	Stadt
	orator, ris, m.	Redner
	cognoscere cognosco 3 ((cog)novi)	kennenlernen, erkennen; *Perf.*: kennen, wissen
	fama, ae, f.	(guter / schlechter) Ruf

Leiten Sie die Fremdwörter aus dem Latein her. Nutzen Sie die unten angegebenen Vokabeln.

affektiert - grandios - Situation - zivil - negativ - Brief - Illustrierte - Fakultät - submarine *(engl.)* - Konfekt - firm - Humus - Konfirmation - Pazifist - Sextett

facultas, atis, f.	Möglichkeit, Gelegenheit
brevis, e	kurz
civitas, atis, f.	Bürgerschaft, Stadt, Staat
pax, pacis, f.	Frieden
conficere conficio 3 (-feci)	ausführen, vollenden
firmus 3	stark, fest, zuverlässig
confirmare confirmo 1 (-firmavi)	stärken, kräftigen

situs 3	gelegen, befindlich
sub + Akk. + Abl.	unter *(wohin?)* unter(halb) *(wo?)*
grandis, e	bedeutend, groß
humilis, e	einfach, unbedeutend
illustris, e	klar, berühmt
sextus 3	sechster
afficere afficio 3 (-feci) + Abl.	versehen mit etw.
negare nego 1	verneinen, leugnen

Exercitia latina

1. Finden Sie 9 Adjektive und bestimmen Sie diese.

	A	B	C	D	E	F	G	H	I	J
1	L	I	B	E	R	A	L	I	A	M
2	P	S	E	N	E	S	T	C	O	S
3	A	H	O	M	A	S	A	R	L	U
4	U	U	I	S	E	R	T	A	N	B
5	P	N	I	K	N	A	A	D	R	I
6	E	L	A	A	L	K	A	U	T	L
7	R	I	L	I	A	M	O	L	N	E
8	I	E	S	E	R	F	U	C	I	D
9	S	R	T	I	R	E	T	E	V	I
10	N	O	B	I	L	I	U	M	E	F

2. Ordnen Sie jedem Adjektiv ein grammatikalisch und inhaltlich passendes Substantiv zu. Übersetzen Sie die Verbindungen ins Deutsche.

mortali	plenitudini
magna	urbium
universae	opus
pauper	viro
novarum	senibus
dulce	doctor
nobilibus	maria

3. Unterstreichen Sie die Anfangsbuchstaben der Wörter, die nach der 3. Deklinaton gebeugt werden. Aneinandergereiht ergeben diese den Namen der Mutter des Augustinus.

oculus - liber - mare - creatura - facies - omnis - nobilis - puer - donum - tenebrae - ius - cursus - caro - spes - amor - agricola

4. Wandeln Sie die Relativpronomen jeweils in den anderen Numerus (Anzahl). Behalten Sie Kasus (Fall) und Genus (Geschlecht) bei.

quem - qua - quorum - cui - quae - quibus - qui - quos - quod - quo

5. Übersetzen Sie die Wörter ins Deutsche. Dabei sind der Endbuchstabe des vorausgehenden Wortes und der Anfangsbuchstabe des folgenden Wortes gleich.

movere - novus - sub (+ Abl.) - arbor - mare - orator - fama - plenitudo

6. Nur drei Buchstaben. Übersetzen Sie die Wörter ins Deutsche.

sub - pax - ibi - qui - sum - cum - nox - lux - lex - est - ego - vir - nos - ubi - sed - ius - sol

7. Welche Bedeutung haben die folgenden italienischen Wörter?

pace - dolce - dottore - nuovo - confermare - povero - grande - facoltà

8. Erklären Sie die Begriffe.

Deponens - Genus verbi - Assimilation - Reduplikation - Deklination

Repetitio secunda

1. Deklinieren Sie die lateinischen Verbindungen.

firma fides - imperfectum opus - nobilis doctor

2. Bestimmen Sie die Substantive. Geben Sie Kasus (Fall), Numerus (Anzahl) und Genus (Geschlecht) an.

custodes - munus - tenebras - oculi - rebus - amorem - amicis - pax - tempora - imaginis - arbori - parentum - creaturae - die - puero

3. Ordnen Sie die Substantive den Deklinationen zu.

tenebrae - spes - liber - donum - terra - pes - res - dies - tempus - honor - puer - schola - parentes - fides - amicus

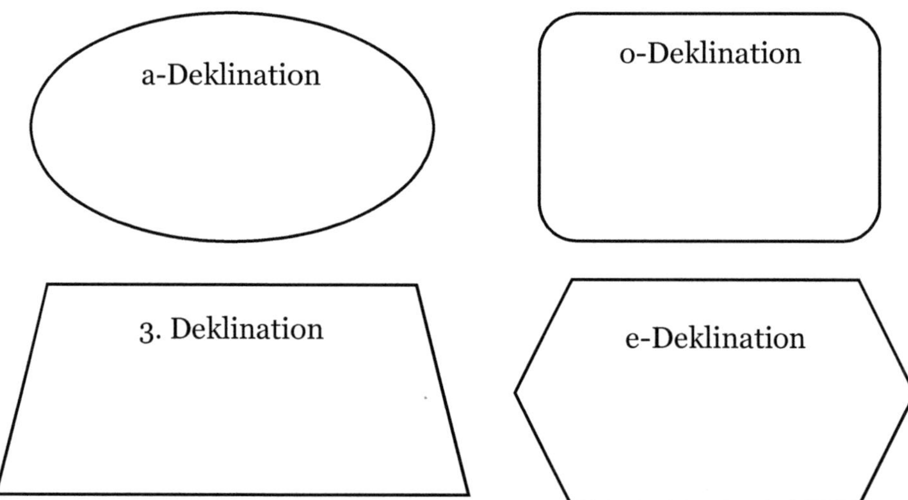

4. Bestimmen und übersetzen Sie die Vergangenheitsformen ins Deutsche.

interfuistis - faciebatur - vendideram - probabas - novi - rexisse - movebam - amavit - accipiebaris - egerant - confecisti - sentiebat - amittebamur - credidimus - lusi - colebantur - venerunt - loquebaris

5. Bilden Sie von den lateinischen Verben numerare, movere *und* ponere *nacheinander die folgenden Formen.*

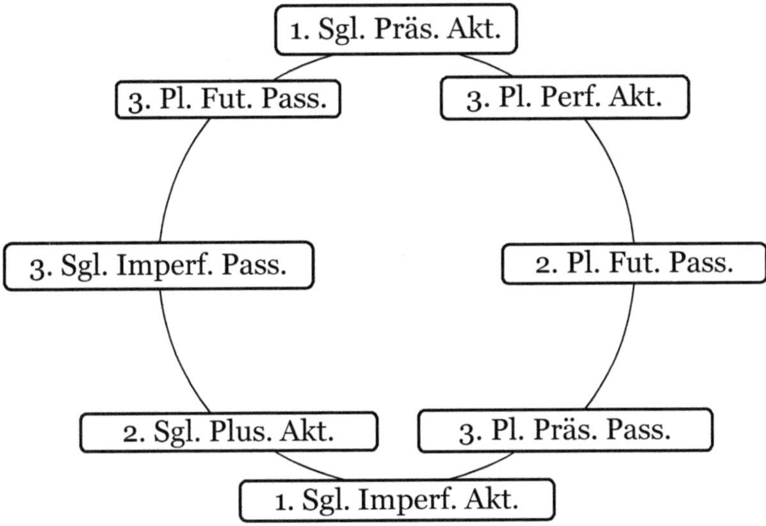

6. Übersetzen Sie die italienischen Wörter ins Lateinische.

nuovo - amore - famiglia - notte - dolce - tempo - occhio - scrivere - luce - ospite - pace - con te - scuola - santo

7. Aufgepasst! Die lateinischen Wortpaare unterscheiden sich mitunter nur durch einen Buchstaben. Übersetzen Sie die Wörter ins Deutsche.

non - nox; et - es; ad - ab; me - se; ubi - ibi; vir - via; pes -res; sum - cum; te - me; vos - nos

8. Finden Sie die Fehler in den deutschen Übersetzungen.

Te in civitatem venisse bonum est.
Es ist gut, dass du in die Stadt kommst.

Novos homines semper crescere videmus.
Wir sehen, dass ein junger Mensch immer wächst.

Audivimus magistrum discipulos suos clamare.
Wir haben gehört, dass die Schüler ihren Lehrer gerufen haben.

Multi viri se valde firmos esse putant.
Viele Männer hielten sich für sehr stark.

Parentes filios a magistris confirmari optant.
Die Eltern wünschen, dass die Lehrer die Söhne stärken.

9. Ein Augustinus-Zitat wurde als Inschrift entdeckt. Lesen Sie die Inschrift und übersetzen Sie diese ins Deutsche. Beachten Sie, dass auch für U ein V geschrieben wurde.

GRATIASTIBIDOMINEVIDEMVSCAELVMETTERRAM

10. Übersetzen Sie die Sätze ins Lateinische.

Die Mutter geht mit mir im Park spazieren. - Wir sehen dich in der Stadt. - Die Eltern sagten dir viele Wörter. - Alle Bücher gehören mir.

11. Übersetzen Sie ins Deutsche.

1. Die (Ohn-)Macht des Menschen

Ideoque[1] homo, quem fecisti ad imaginem tuam, non accepit potestatem[2] luminarium[3] caeli neque occulti[4] caeli neque diei et noctis neque congregationis[5] aquarum, quod[6] est mare, sed accepit potestatem[2] piscium[7] maris et volatilium[8] caeli et omnium pecorum[9] et omnis terrae et omnium repentium[10], quae repunt[11] super terram.

1: ideoque = itaque * 2: potestas, atis, f.: Macht * 3: luminar, ris, n.: Licht * 4: occultus 3: verborgen * 5: congregatio, onis, f.: Ansammlung, Zusammenkommen * 6: quod: was * 7: piscis, is, m.: Fisch * 8: volatile, is, n.: Vogel * 9: pecus, coris, n.: Vieh * 10: repens, entis, m.: Kriechtier * 11: repo 3: kriechen

2. Gloria

Gloria in excelsis[1] Deo et in terra pax hominibus bonae voluntatis.

Laudamus[2] te, benedicimus[3] te, adoramus[4] te, glorificamus[5] te,

gratias agimus tibi propter[6] magnam gloriam tuam,

Domine Deus, Rex caelestis[7], Deus pater omnipotens.

Domine Fili unigenite[8], Iesu Christe, Domine Deus, Agnus[9] Dei, Filius

Patris, qui tollis peccata mundi, miserere nobis[10],

qui tollis peccata mundi, suscipe[11] deprecationem[12] nostram,

qui sedes[13] ad dexteram[14] Patris, miserere nobis[10].

Quoniam[15] Tu solus[16] Sanctus,

Tu solus[16] Dominus,

Tu solus[16] Altissimus[17], Iesu Christe,

cum Sancto Spiritu[18] in gloria Dei Patris. Amen.

1: excelsum, i, n.: Höhe * 2: laudo 1: loben * 3: benedico 3: preisen, rühmen * 4: ad-oro 1 * 5: glorifico 1: preisen * 6: propter + Akk.: wegen * 7: caelestis, e: himmlisch * 8: unigenitus 3: einziggeboren * 9: agnus, i, m.: Lamm * 10: miserere nobis: erbarme dich unser * 11: suscipio 3: an-, aufnehmen * 12: deprecatio, onis, f.: Bitte, Gebet * 13: sedeo 2: sitzen * 14: dexter 3: rechts * 15: quoniam: weil * 16: solus 3: allein, einzig * 17: altissimus 3: höchster * 18: Sanctus Spiritus: Heiliger Geist

VII

Lectio septima

Sententiae latinae

1. Sol stabat, sed tempus ibat.

2. In caelo enim, domine, misericordia tua et veritas tua usque ad[1] nubes. Transeunt nubes, caelum autem manet. Transeunt praedicatores verbi tui ex hac[2] vita in aliam vitam, scriptura vero tua usque in[1] finem saeculi super populos extenditur[3]. Sed et caelum et terra transibunt, sermones autem tui non transibunt.

3. Ecce tempora veniebant et praeteribant de die in diem.

4. Cogitabam et aderas[4] mihi, suspirabam[5] et audiebas[4] me, fluctuabam[6] et gubernabas[7+4] me, ibam per viam saeculi latam nec[8] deserebas.

5. Quomodo[9] nos ama[vi]sti, pater bone, qui filio tuo unico non pepercisti, sed pro nobis impiis tradidisti eum[10]!

1: usque ad / in + Akk.: bis zu * 2: hac: diesem *(bezogen auf vita)* * 3: extendo 3: ausdehnen * 4: *gemeint ist Gott* * 5: suspiro 1: seufzen * 6: fluctuo 1: schwanken, unsicher sein * 7: guberno 1: lenken * 8: nec: und nicht, auch nicht * 9: quomodo: wie, auf welche Weise * 10: eum: ihn *(gemeint ist filio)*

6. Flete mecum et pro me flete, qui aliquid boni vobiscum intus[1] agitis.

7. Numquid[2] non potens est manus tua, deus omnipotens, sanare omnes languores[3] animae meae?

8. Tibi dixit cor meum: quaesivi vultum tuum; vultum tuum, domine, requiram[4].

9. Liber[5] mutavit affectum meum, et ad te ipsum[6], domine, mutavit preces meas, et desideria mea fecit alia.

10. Ambrosium[7] laetus audiebam: Littera occidit, spiritus autem vivificat[8].

1: intus: im Innern * 2: numquid: etwa, denn * 3: languor, languoris, m.: Entkräftung, Gleichgültigkeit * 4: requiram: ich will suchen * 5: *gemeint ist Ciceros Werk „Hortensius"* * 6: ipsum: selbst *(bezogen auf te)* * 7: Ambrosius, i, m.: Ambrosius *(Bischof von Mailand)* * 8: vivifico 1: lebendig machen, beleben

Verba latina

1	stare sto 1 (steti)	stehen
	ire eo (ii)	gehen
2	misericordia, ae, f.	Mitleid, Barmherzigkeit
	veritas, atis, f.	Wahrheit
	nubes, is, f.	Wolke
	transire transeo (-ii)	hinüber-, vorbeigehen
	manere maneo 2 (mansi)	bleiben

	praedicator, ris, m.	Verkünder, Prediger
	e / ex + Abl.	aus, von … her
	scriptura, ae, f.	(Heilige) Schrift
	vero	allerdings, in der Tat
	finis, is, m.	Ende, Grenze
	saeculum, i, n.	Menschenalter, Jahrhundert, Zeit
	super + Akk.	über … hinaus
	sermo, onis, m.	Unterhaltung, Gespräch, Sprache, Wort
3	praeterire praetereo (-ii)	vorbei-, vergehen
4	cogitare cogito 1	(nach)denken
	adesse adsum (affui)	da sein, helfen
	latus 3	weit, breit
	deserere desero 3 (-serui)	im Stich lassen
5	unicus 3	einzig
	parcere parco 3 (peperci) + Dat.	jmd. schonen
	impius 3	gottlos
	tradere trado 3 (-didi)	übergeben, ausliefern
6	aliquid, -quis	irgendetwas, -wer
7	potens, ntis	mächtig, fähig
	manus, us, f. (!)	Hand
	omnipotens, ntis	allmächtig
	sanare sano 1	heilen, wieder zur Vernunft bringen
8	vultus, us, m.	Gesicht, Anblick
9	mutare muto 1	verändern, wandeln
	affectus, us, m.	Zustand, Stimmung

preces, precum, f. (!)	Bitte
votum, i n.	Gebet, Wunsch
desiderium, i, n.	Sehnsucht, Wunsch, Bitte
laetus 3	fröhlich, vergnügt
littera, ae, f.	Buchstabe, Bibel, *Pl.:* Schrift, Wissenschaft
occidere occido 3 (-cidi)	töten, erschlagen
spiritus, us, m.	Hauch, Seele, Geist

Leiten Sie die Fremdwörter aus dem Latein her. Nutzen Sie die unten angegebenen Vokabeln.

September - Operation - opinion *(engl.)* - imponieren - Portal - Mentalität - quiet *(engl.)* - Monte - Kruzifix - Kasus - Kurs - Orden - Addition - Genus - Rezitation - Kommode

opinio, onis, f.	Meinung
addere addo 3 (-didi)	hinzufügen
porta, ae, f.	Tor, Pforte
cursus, us, m.	Lauf, Bahn
casus, us, m.	Fall; Vorfall, Zufall
genus, neris, n.	Geschlecht, Familie, Volk, Gattung
mens, ntis, f.	Verstand, Gesinnung
recitare recito 1 (recitavi)	vorlesen, vortragen
opera, ae, f.	Arbeit, Mühe
imponere impono 3 (-posui)	(hin)einsetzen
crucifigere crucifigo 3 (-fixi)	kreuzigen
quietus 3	ruhig, friedlich

septimus 3	siebter
mons, montis, m.	Berg
ordo, dinis, m.	Ordnung, Stand
commodus 3	angemessen, bequem

Exercitia latina

1. Übersetzen Sie die Formen ins Deutsche.

ibant - ibunt - eunt; imus - iimus; ibas - ibis; ierunt - eunt - ierant; eo - ibo; iit - it; i - ii; itis - isti - istis - ite; ibant - ibam - ibat

2. Finden Sie in jeder Reihe einen Irrläufer. Begründen Sie Ihre Entscheidung.

a) te - ego - mihi

b) tu - tuum - te

c) nobiscum - mecum - vobiscum

d) vestris - ego - nos

e) mihi - vos - tibi

f) mei - meo - me

3. Deklinieren Sie die lateinischen Verbindungen magna manus *und* laetus vultus.

4. Ordnen Sie jedem Adjektiv ein grammatikalisch und inhaltlich passendes Substantiv zu. Übersetzen Sie die Verbindungen ins Deutsche.

unico	spiritus
fidelis	vultum
miserorum	cursibus
senem	casu
brevibus	manus
parvae	affectuum

5. Ordnen Sie die Substantive entsprechend ihrer Deklinationen in die Tabelle ein.

porta - manus - ager - dies - hospes - cursus - misericordia - genus - votum - facies - oculus - munus - vultus - spes - sermo - opera - fides - spiritus - opinio - agricola

o	a	3.	e	u

6. Lösen Sie das Rätsel. Die Buchstaben in den grauen Feldern ergeben senkrecht gelesen den Namen von Augustinus Sohn.

1. stehen (Inf.) - 2. töten, erschlagen (Inf.) - 3. Geschlecht, Familie, Volk, Gattung - 4. Meinung - 5. da sein, helfen (Inf.) - 6. Hand - 7. weit, breit - 8. (Heilige) Schrift - 9. Fall, Vor-, Zufall

7. Leiten Sie die Begriffe aus dem Latein her und erklären Sie diese kurz.

Tempus - Kasus - Adverb - Imperfekt - Genus - Numerus - Perfekt - Präposition - Verb - Kompositum - Reflexivpronomen

VIII

Lectio octava

Sententiae latinae

1. Inde[1] in scholam datus sum, ut discerem[2] litteras.

2. Alia verba in eo[3] loco scripta sunt.

3. Non enim mihi dictum est.

4. Ecce sanus factus es.

5. Locutus sum[4] cum amicis, qui mecum erant, multos dolores.

6. Ecce illi[5], qui missi erant, reperiunt eum[6] solum[7].

7. Inveni ibi codicem, in quo scripta erat vita Antonii[8].

8. Et omnia mihi dimissa esse fateor.

9. Benedictus dominus in caelo et in terra; magnum et mirabile nomen eius[9].

10. Hic[10] est filius meus dilectus?

1: inde: von da an * 2: ut discerem: um zu lernen * 3: eo *(Abl. Sgl. m.):* diesem / dieser *(bezogen auf loco)* * 4: loquor 3 + Akk: reden über etw. * 5: illi *(Nom. Pl. m.)*: jene * 6: eum *(Akk. Sgl. m.)*: ihn * 7: solus 3: allein, einzig * 8: Antonius, i, m.: Antonius *(Einsiedler, 3. / 4. Jh.)* * 9: eius: sein *(bezogen auf dominus)* * 10: hic *(Nom. Sgl. m.)*: dieser

11. Audi[v]eram enim ego adhuc[1] puer de vita aeterna promissa nobis per humilitatem domini dei nostri.

12. Unde[2] etiam curam dominicarum filiarum commissam diligenter gerebat.

13. Audivi a quodam[3] homine docto.

14. Tu autem ibi vidisti facta.

15. In fide laudavi nomen tuum, et ea[4] fides me securum esse non sinebat de praeteritis peccatis meis, quae mihi per baptismum tuum remissa nondum erant.

16. Et quid est hoc[5], quod amo? Interrogavi terram, et dixit: Non sum. Interrogavi mare et abyssos[6] et reptilia[7], et responderunt: Non sumus deus tuus; quaere super nos. Interrogavi auras flabiles[8], et inquit universus aer cum incolis suis: Non sum deus. Interrogavi caelum, solem, lunam, stellas: Neque nos sumus deus, quem quaeris, inquiunt. Et direxi[9] me ad me et dixi mihi: Tu, quis es? Et respondi: Homo.

1: adhuc: noch * 2: unde: daher * 3: quodam: von einem (gewissen) * 4: ea: diese / dieser *(bezogen auf fides)* * 5: hoc: es / dieses * 6: abyssus, i, m.: Abgrund des Meeres * 7: reptile, is, n.: Kriechtier, Fisch * 8: aura, ae, f. flabilis: Luft, Wehen * 9: dirigo 3 (-rexi, -rectum): hinwenden

Verba latina

	octavus 3	achter
4	sanus 3	gesund
5	dolor, ris, m.	Schmerz
6	reperire reperio 4 (repperi, repertum)	finden
7	codex, dicis, m.	Buch, Handschrift
8	fateri fateor (fassus sum) 2	gestehen, bekennen
9	benedicere benedico 3 (-dixi, -dictum)	preisen, rühmen
	mirabilis, e	wunderbar
11	aeternus 3	ewig
	promittere promitto 3 (-misi, -missum)	versprechen
	humilitas, atis, f.	Unterwürfigkeit, Demut
12	etiam	auch, sogar
	cura, ae, f.	Sorge, Pflege
	dominicus 3 (~ dies)	herrschaftlich, des Herrn; Sonntag
	filia, ae, f.	Tochter
	committere committo 3 (-misi, -missum)	übergeben, anvertrauen
	diligenter	sorgfältig, gewissenhaft
	gerere gero 3 (gessi, gestum)	tragen, ausführen
13	docere doceo 2 (docui, doctum)	lehren, unterrichten
15	laudare laudo 1 (laudavi, laudatum)	loben
	securus 3	sorglos, sicher
	sinere sino 3 (sivi, situm)	(zu)lassen, gestatten

	baptismus,i,m. / baptisma,atis,n.	Taufe
	remittere remitto 3 (-misi, -missum)	zurückgeben, Sünden vergeben
	nondum	noch nicht
16	interrogare interrogo 1 (-rogavi, -rogatum)	fragen
	respondere respondeo 2 (-spondi, -sponsum)	antworten
	inquit; inquiunt	er sagt(e); sie sag(t)en
	aer, ris, m.	Luft
	incola, ae, m. (!)	Einwohner, Bewohner
	neque	und nicht, auch nicht
	neque ... neque	weder ... noch
	quis	wer

Wiederholen Sie die Stammformen und prägen Sie sich die PPP-Formen ein.[1]

-TUS/-TA/-TUM

abstinere abstineo 2 (abstinui, abstentum)	sich enthalten
continere contineo 2 (-tinui, -tentum)	zusammen-, fest-, enthalten
agere ago 3 (egi, actum)	treiben, tun, handeln
alere alo 3 (alui, altum)	ernähren
amare amo 1 (amavi, amatum)	lieben
ambulare ambulo 1 (ambulavi, ambulatum)	(spazieren)gehen
appellare appello 1 (appellavi, appellatum)	anreden, nennen

1: Die Verben eminere, florere, vadere, studere und adesse bilden kein PPP.

audire audio 4 (audivi, auditum)	hören
exaudire exaudio 4 (-audivi, -auditum)	erhören
augere augeo 2 (auxi, auctum)	vermehren, vergrößern
capere capio 3 (cepi, captum)	nehmen, ergreifen
recipere recipio 3 (-cepi, -ceptum)	aufnehmen, zurückholen
accipere accipio 3 (-cepi, -ceptum)	annehmen, aufnehmen
celebrare celebro 1 (celebravi, celebratum)	oft besuchen, feiern
cogitare cogito 1 (cogitavi, cogitatum)	(nach)denken
cognoscere cognosco 3 ((cog)novi, cognitum)	kennenlernen, erkennen; *Perf.:* kennen, wissen
colere colo 3 (colui, cultum)	pflegen, (ver)ehren
confirmare confirmo 1 (-firmavi, -firmatum)	stärken, kräftigen
constituere constituo 3 (-stitui, -stitutum)	aufstellen, festsetzen, beschließen
crescere cresco 3 (crevi, cretum)	wachsen
dare do 1 (dedi, datum)	geben
addere addo 3 (-didi, -ditum)	hinzufügen
credere credo 3 (-didi, -ditum)	glauben,anvertrauen
tradere trado 3 (-didi, -ditum)	übergeben,ausliefern
vendere vendo 3 (-didi, -ditum)	verkaufen
delectare delecto 1 (delectavi, delectatum)	erfreuen
deserere desero 3 (deserui, desertum)	im Stich lassen
dicere dico 3 (dixi, dictum)	sagen, sprechen
diligere diligo 3 (dilexi, dilectum)	lieben, hochachten
dubitare dubito 1 (dubitavi, dubitatum)	zweifeln, zögern
errare erro 1 (erravi, erratum)	sich irren

facere facio 3 (feci, factum)	tun, machen
afficere afficio 3 (-feci, -fectum)	versehen
conficere conficio 3 (-feci, -fectum)	ausführen, vollenden
perficere perficio 3 (-feci, -fectum)	vollenden
flectere flecto 3 (flexi, flectum)	biegen, beugen
flere fleo 2 (flevi, fletum)	weinen
habere habeo 2 (habui, habitum)	haben, halten
imponere impono 3 (-posui, -positum)	(hin)einsetzen
ire eo (ii, itum)	gehen
praeterire praetereo (-ii, -itum)	vorbei-, vergehen
transire transeo (-ii, -itum)	hinüber-, vorbeigehen
iudicare iudico 1 (iudicavi, iudicatum)	(be)urteilen, Richter sein
legere lego 3 (legi, lectum)	lesen
magnificare magnifico 1 (-ficavi, -ficatum)	preisen, rühmen
ministrare ministro 1 (ministravi, ministratum)	bedienen
monstare monstro 1 (monstravi, monstratum)	zeigen
movere moveo 2 (movi, motum)	bewegen
mutare muto 1 (mutavi, mutatum)	verändern, wandeln
negare nego 1 (negavi, negatum)	verneinen, verleugnen
notare noto 1 (notavi, notatum)	kennzeichnen, wahrnehmen
numerare numero 1(numeravi, numeratum)	zählen
occupare, occupo 1 (occupavi, occupatum)	in Besitz nehmen, besetzen
orare oro 1 (oravi, oratum)	bitten, beten
ornare orno 1 (ornavi, ornatum)	schmücken

peccare pecco 1 (peccavi, peccatum)	sündigen
placere placeo 2 (placui, placitum)	gefallen
probare probo 1 (probavi, probatum)	prüfen, billigen
putare puto 1 (putavi, putatum)	meinen, glauben, halten für
quaerere quaero 3 (quaesivi, quaesitum)	suchen, fragen, erforschen
recitare recito 1 (recitavi, recitatum)	vorlesen, vortragen
regere rego 3 (rexi, rectum)	lenken, leiten
relinquere relinquo 3 (reliqui, relictum)	ver-, zurücklassen
rogare rogo 1 (rogavi, rogatum)	bitten, fragen
salutare saluto 1 (salutavi, salutatum)	(be)grüßen
sanare sano 1 (sanavi, sanatum)	heilen, wieder zur Vernunft bringen
scribere scribo 3 (scripsi, scriptum)	schreiben, malen
servare servo 1 (servavi, servatum)	erhalten, bewahren
significare significo 1 (-ficavi, -ficatum)	bezeichnen, kenntlich machen
stare sto 1 (steti, statum)	stehen
surgere surgo 3 (surrexi, surrectum)	aufstehen, sich erheben
tangere tango 3 (tetigi, tactum)	berühren
tegere tego 3 (texi, tectum)	(be)decken
tollere tollo 3 (sustuli, sublatum)	aufheben, beseitigen
venire venio 4 (veni, ventum)	kommen
invenire invenio 4 (-veni, -ventum)	finden, entdecken
vocare voco 1 (vocavi, vocatum)	rufen, nennen
invocare invoco 1 (-vocavi, -vocatum)	anrufen

-SUS/-SA/-SUM

censere censeo 2 (censui, censum)	(ein)schätzen
crucifigere crucifigo 3 (-fixi, -fixum)	kreuzigen
defendere defendo 3 (-fendi, -fensum)	verteidigen
offendere offendo 3 (-fendi, -fensum)	anstoßen, verletzen
dividere divido 3 (divisi, divisum)	teilen
ludere ludo 3 (lusi, lusum)	spielen
mittere mitto 3 (misi, missum)	schicken, senden
amittere amitto 3 (-misi, -missum)	loslassen, verlieren
dimittere dimitto 3 (-misi, -missum)	erlassen, vergeben
occidere occido 3 (-cidi, -cisum)	töten, erschlagen
sentire sentio 4 (sensi, sensum)	fühlen,wahrnehmen, verstehen, denken
videre video 2 (vidi, visum)	sehen

-URUS/-URA/-URUM

dolere doleo 2 (dolui, doliturum)	schmerzen, Schmerz empfinden
manere maneo 2 (mansi, mansurum)	bleiben
parcere parco 3 (peperci, parsurum)	schonen
valere valeo 2 (valui, valiturum)	gesund ~, stark ~, kräftig sein

DEPONENTIEN

confiteri confiteor 2 (confessus sum)	sich bekennen zu, anerkennen
loqui loquor 3 (locutus sum)	reden, sprechen
pati patior 3 (passus sum)	(er)dulden, leiden

uti utor 3 (usus sum)	gebrauchen, benutzen
videri videor 2 (visus sum)	scheinen

SEMIDEPONENS

gaudere gaudeo 2 (gavisus sum)	sich freuen

Exercitia latina

1. Geben Sie zu den Partizipien jeweils die 1. P. Sgl. Präs. Akt. an.

dictum - mansurum - datum - cultum - actum - sublatum - additum - cognitum - itum - constitutum - cogitatum - scriptum - amatum - altum - creditum - factum - occisum - auditum - tectum

2. Setzen Sie das Partizip jeweils in KNG-Kongruenz zum Substantiv. Übersetzen Sie anschließend die Verbindungen ins Deutsche.

(lectum) .... libros - (perfectum) .... opus - (mutatum) .... vultui - (praeteritum) .... die - (acceptum) .... honoris

3. Übersetzen Sie die Formen ins Deutsche.

sublata erant - scripsisti - ceperamus - tacta sum - dederas - rogavi - habuimus - benedictae sunt - crucifixerunt - situm erat - passus est - gesseratis - quaesiti eramus - fuerant - promisisse - missi sumus -

docta eram - repertum est - defensus eras - usum est - laudavistis

4. Wandeln Sie die Aktiv-Formen ins Passiv und die Passiv-Formen ins Aktiv. Übersetzen Sie die von Ihnen gebildeten Formen ins Deutsche.

gessisti - laudaverant - interrogata erat - repertus sum - prohibiti – eratis - promisisse - commiseram - benedicti eramus - sivistis

5. Übersetzen Sie die Sätze ins Deutsche, indem Sie jeweils verschiedene Varianten für die Wiedergabe der Partizipien wählen.

Scripta a te imago mihi valde placet.
Pecuniam in nocte amissam quaerebamus.
Inimici in urbe capti custodi traditi sunt.
Locus inventi thesauri multis hominibus ignotus est.
Nobilis philosophus de viis vitae rogatus non auditus est.
Ego matri a me amato munus pulchrum do.
Sententiae praedicatoris de fide dei scriptae a multis fidelibus lectae sunt.

6. Ein Augustinus-Zitat wurde als Inschrift gefunden. Lesen Sie die Inschrift und übersetzen Sie diese ins Deutsche. Beachten Sie, dass auch für U ein V geschrieben wurde.

INVOCOTEDEVSMEVSMISERICORDIAMEAFECISTIMEINVOCO TEINANIMAMMEAM

7. Lösen Sie das Rätsel. Die Buchstaben in den grauen Feldern ergeben den Namen eines römischen Schriftstellers, der stilistisch zum Vorbild für Augustinus wurde.

1. dominicus - 2. diligenter - 3. promitto (1. Sgl. Präs. Akt.) - 4. imperare - 5. securus - 6. caput

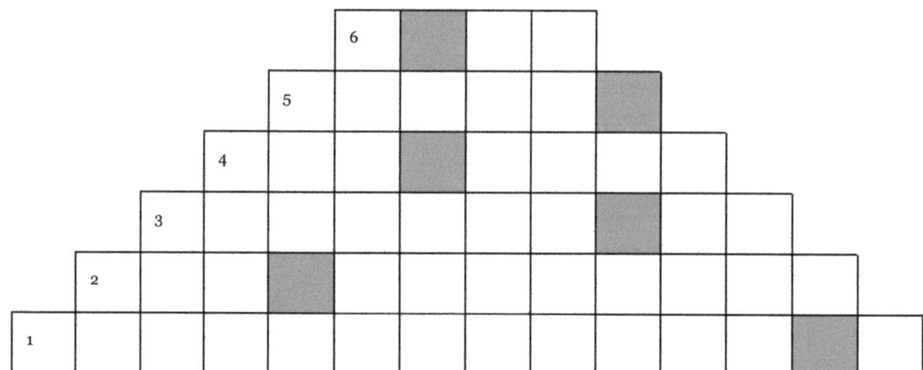

8. Bilden Sie die Formenketten von res gesta, codex aeternus *und* tempus securum.

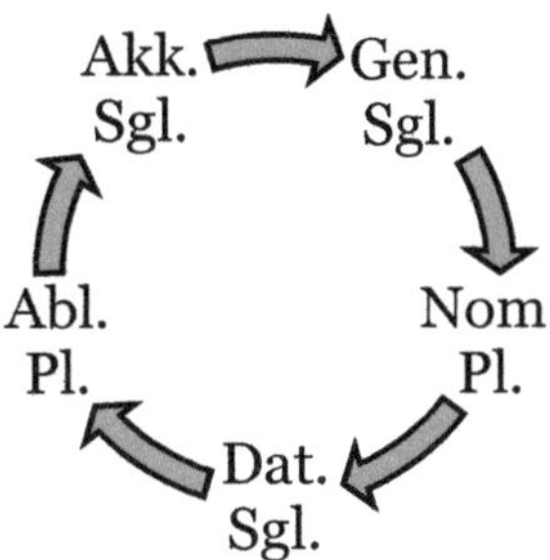

9. Finden Sie die Fehler in den Stammformen und korrigieren Sie diese.

alere	aleo	alui	altum	ernähren
gerere	gero	gerui	gestum	tragen, ausführen
promittere	promitto	promisi	promissum	vorschicken
facere	facio	feci	fectum	tun, machen
tollere	tollo	sustuli	tolitum	aufheben, beseitigen
sequi	sequeor	secutus sum		folgen
laudare	laudo	laudavi	laudatum	loben
dare	do	davi	datum	geben
movere	moveo	movi	movetum	bewegen
gaudere	gaudeo	gaudui	gauditum	sich freuen
manere	maneo	mansi	mansum	bleiben

IX

Lectio nona

Sententiae latinae

1. Anrufung Gottes

Magnus es, domine, et laudabilis valde. Magna virtus tua et sapientiae tuae non est numerus[1]. Et laudare te vult[2] homo, aliqua portio[3] creaturae tuae, et homo circumferens mortalitatem suam, circumferens testimonium peccati sui et testimonium, quia superbis resistis; et tamen laudare te vult[2] homo, aliqua portio[3] creaturae tuae. Tu excitas, ut laudare te delectet[4], quia fecisti nos ad te et inquietum est cor nostrum, donec requiescat[5] in te. Da mihi[6], domine, scire et intellegere, utrum sit prius[7]: invocare te an[8] laudare te, et scire te an[8] invocare te. Sed quis te invocat nesciens te? Quomodo autem invocabunt eum[9], in quem non crediderunt? Aut quomodo credent sine praedicante? Et laudabunt dominum, qui requirunt[10] eum[9].

1: numerus, i, m.: Maß * 2: vult: er will * 3: portio, onis, f.: Teil * 4: ut delectet: dass es erfreut * 5: donec requiescat: bis es ruht * 6: da mihi + Inf.: lass mich ... * 7: utrum sit prius: was zuvor war * 8: an: oder * 9: eum: ihn * 10: requiro 3 = quaero

Quaerentes enim inveniunt eum[1] et invenientes laudabunt eum[1]. Quaeram[2] te, domine, invocans te et invocem[3] te credens in te: praedicatus enim es nobis. Invocat te, domine, fides mea, quam dedisti mihi, quam inspira[vi]sti[4] mihi per humanitatem filii tui, per ministerium praedicatoris tui.

2. Pondus[5] meum amor meus; eo[6] feror, quocumque[7] feror. Dono tuo accendimur et sursum ferimur.

3. Ecce abstulisti hominem de hac[8] vita.

4. Transibant tempora; et tardabam[9] converti ad dominum at differebam de die in diem vivere in te.

5. Et Ponticianus[10] forte[11] supra[12] mensam lusoriam[13], quae ante nos erat, attendit codicem. Tulit, aperuit, invenit apostolum Paulum[14].

6. Gladiatorium spectaculum[15] spectavit, clamavit, exarsit[16], abstulit inde[17] secum insaniam[18].

1: eum: ihn * 2: quaeram: ich möchte suchen * 3: invocem: ich möchte anrufen * 4: inspiro 1: einhauchen, eingeben * 5: pondus, deris, n.: Bedeutung, Wert * 6: eo: von dieser / durch diese *(gemeint ist amor)* * 7: quocumque: wohin auch immer * 8: hac: diesem *(bezogen auf vita)* * 9: tardo 1: zögern * 10: Ponticianus, i, m.: Ponticianus *(Eigenname)* * 11: forte: zufällig * 12: supra + Akk. : auf * 13: lusorius 3: Spiel- * 14: Paulus, i, m.: Paulus *(Apostel)* * 15: gladiatorium spectaculum, i, n: Gladiatorenkampf * 16: exardesco 3 (-arsi, -arsurum): entbrennen * 17: inde: von da an * 18: insania, ae, f.: Tollheit, Wahnsinn

Verba latina

1	laudabilis, e	lobenswert
	virtus, utis, f.	Tugend, Tüchtigkeit
	aliqui, -quae, -quod	irgendein
	circumferre circumfero (-tuli, -latum)	herumtragen
	mortalitas, atis, f.	Sterblichkeit
	testimonium, i, n.	Zeugnis
	quia	da, weil
	superbus 3	stolz, hochmütig
	resistere resisto 3 (-stiti)	sich widersetzen, Widerstand leisten
	excitare excito 1	antreiben, wecken
	inquietus 3	unruhig
	scire scio 4 (scivi, scitum)	wissen, kennen
	intellegere intellego 3 (-lexi, -lectum)	verstehen, einsehen
	nescire nescio 4 (-scivi, -scitum)	nicht wissen, nicht kennen
	quomodo	auf welche Weise, wie
	aut	oder
	aut ... aut	entweder ... oder
	sine + Abl.	ohne
	praedicare praedico 1	rühmen, preisen, predigen
	humanitas, atis, f.	Menschlichkeit, Bildung
	ministerium, i, n.	Dienst
2	ferre fero (tuli, latum)	tragen, bringen
	accendere accendo 3 (-cendi, -censum)	anzünden, entflammen, reizen

	sursum	aufwärts, in die Höhe
3	auferre aufero(abstuli, ablatum)	wegtragen, -bringen
4	convertere converto 3 (-verti, -versum)	wenden
	converti convertor 3 (-versus sum)	sich wenden
	differre differo (distuli, dilatum)	aufschieben, trennen
	vivere vivo 3 (vixi, victurum)	leben
5	mensa, ae, f.	Tisch
	attendere attendo 3 (-tendi, -tentum)	bemerken, einsehen
	aperire aperio 4 (aperui, apertum)	öffnen
	apostolus, i, m.	Apostel, Gesandter
6	spectare specto 1	(an)schauen, betrachten
	clamare clamo 1	schreien, rufen

Leiten Sie die Fremdwörter aus dem Latein her. Nutzen Sie die unten angegebenen Vokabeln.

Matura - regional - Klausur - cross *(engl.)* - Patriot - Fraktur - None - Vincent - Zentrifuge - Simulant - gravierend - Konditor - fiktiv - vulgär - Zäsur - narrativ - Mandat - Aquädukt - parat - silence *(engl.)*

gravis, e	schwer, ernst
frangere frango 3 (fregi, fractum)	(zer)brechen
parare paro 1	vorbereiten
claudere claudo 3 (clausi, clausum)	schließen
ducere duco 3 (duxi, ductum)	führen, ziehen
fuga, ae, f.	Flucht

fingere fingo 3 (finxi, fictum)	formen, erdichten, (fälschlich) vorgeben
mandare mando 1	übergeben, anvertrauen
caedere caedo 3 (cecidi, caesum)	niederhauen, (er)schlagen, töten
crux, crucis, f.	Kreuz
vulgus, i, n. (!)	(Volks-)Menge
nonus 3	neunter
maturus 3	reif
silentium, i, n.	Schweigen, Ruhe
vincere vinco 3 (vici, victum)	(be)siegen
narrare narro 1	erzählen, berichten
patrius 3	väterlich
simulare simulo 1	nachahmen, sich verstellen
regio, onis, f.	Gegend, Grenze
condere condo 3 (-didi, -ditum)	(er)bauen, (er)schaffen

Exercitia latina

1. Geben Sie zu den Substantiven fuga, apostolus, humanitas, ministerium, virtus *und* crux *jeweils den Gen. Sgl., das Genus (Geschlecht) und die Übersetzung der Ausgangsform an.*

2. Deklinieren Sie discipulus clamans, homo cogitans *und* fides manens.

3. Ordnen Sie jedem Partizip ein grammatikalisch passendes Substantiv zu. Übersetzen Sie die entstandenen Verbindungen ins Deutsche.

capientia	mensa
vincentem	apostolos
frangente	spem
caedentis	filiarum
resistentium	dolori
ducens	regis
scientes	manus
imponenti	magistris
respondentibus	exempla

4. Finden Sie die Fehler in den Übersetzungen und korrigieren Sie diese.

a) Custos senex portas magnas nocte claudens thesaurum invenit.
Der alte Wächter, der die großen Türen in der Nacht schloss, findet einen Schatz.

b) Pauper vir a beneficiis multis motus flevit.
Der arme Mann, obwohl er viele Wohltaten gemacht hatte, hat geweint.

c) Ego in libris a doctore datis sententias de vita legebam.
Ich las in den Büchern vom Lehrer die gegebenen Sätze über das Leben.

d) Lux diei venientis homines omnes delectat.
Nachdem das Licht des Tages kam, erfreut es alle Menschen.

e) Discipuli officia a magistro in schola mandata semper perficiunt.
Die Aufgaben werden vom Lehrer in der Schule immer den Schülern zur Vollendung übergeben.

f) Evangelium populo in deum credenti dicitur.
Die Freudenbotschaft wird dem an den Herrn glaubenden Volk gesagt.

5. Welche Bedeutung haben die folgenden italienischen Wörter?

croce - umanita - superbia - mensa - virtu - mortalità - testimonio - chiudere - chiamare - aprire - grave

6. Vervollständigen Sie die Tabelle, indem Sie die jeweils fehlenden Formen bilden. Behalten Sie in jeder Zeile Person und Numerus (Anzahl) bei.

Präsens	Imperfekt	Futur	Perfekt	Plusquam.
fers				
			tulimus	
	ferebant			

7. Kreuzen Sie die jeweils richtige Übersetzung der Präposition an. Aneinandergereiht ergeben die Lösungsbuchstaben ein lateinisches Werk Ciceros, das Augustinus beeinflusst hat.

sub	**J** oben	**M** bei	**H** unter(halb)
per	**O** durch	**A** in	**D** bei
cum	**T** aus	**R** mit	**V** von
ad	**T** zu, an, bei	**G** vor	**C** über
pro	**E** vor, für	**Z** durch	**I** an, auf, in
in	**B** unter(halb)	**F** mit, durch	**N** an, auf, gegen, für
de	**N** aus ... heraus	**S** von ... weg, über	**L** zu, an, bei
apud	**O** in, an, auf	**T** vor	**I** bei
ab	**U** von	**P** über	**E** mit
sine	**B** mit	**R** bei	**S** ohne

8. Ordnen Sie die Wörter in die Tabelle ein.

frangis - mortalitas - aliqui - converto - quia - crux - regio - gratis - tuus - gravis - aut - inquietus - fero - sursum - patrius - virtus - ego

Adjektiv	Adverb	Subst.	Pronom.	Verb	Konjunk.

Repetitio tertia

1. Finden Sie in jeder Reihe einen Irrläufer. Begründen Sie Ihre Entscheidung.

a) is - in - it - ii - i

b) istis - is - it - imus - ii

c) ibo - ibunt - ibi - ibis - ibit

d) feror - fers - fert - fero - ferte

e) tuli - ferebam - fert - tuleram - fero

f) fuistis - fertis - tulimus - ibitis - eunt

2. Ordnen Sie die Wörter den Themenbereichen menschlicher Körper *und* Studium *zu. Die Anfangsbuchstaben der verbleibenden Wörter ergeben aneinandergereiht ein Augustinus-Zitat.*

gerere - remittere - codex - aeternus - oculus - testimonium - impius - aut - stare - doctrina - tradere - caro - ire - littera - baptisma - incola - sermo - deserere - legere - pes - edere - unicus - caput - sursum - cor - nondum - octavus - securus - manus - liber - tunc - studere - etiam - doctor - facies - reperire

3. Finden Sie die Fehler in den Stammformen. Korrigieren Sie diese.

frangere	frango	franxi	franctum	(zer)brechen
auferre	aufero	abtuli	ablatum	wegtragen, - bringen
gerere	gereo	gessi	gestum	tragen, ausführen
imponere	impono	imponui	imponitum	(hin)einsetzen

4. Deklinieren Sie die lateinischen Verbindungen casus gravis, apostolus potens, opera laudabilis, natio impia, *und* incola superbus.

5. Verbinden Sie jeweils ein Partizip mit einem Substantiv. Achten Sie auf grammatikalisch und inhaltlich sinnvolle Verbindungen. Übersetzen Sie diese ins Deutsche.

respondentibus	cruci
caesi	beneficia
fractae	honore
resistentem	homines
manentia	filiarum
benedicto	praedicatoribus
recitantium	discipulum

6. Ordnen Sie die Nebensatzarten den entsprechenden Einleitungen zu.

kausal - konditional - temporal - modal - konzessiv

wenn - nachdem - obgleich - wobei - weil - als - falls - während - da - indem - obwohl

7. Übersetzen Sie jeden Satz mit mindestens zwei Übersetzungsvarianten ins Deutsche.

Homines desiderium solis animam delectantis habent.
Pulchra imago a nobili homine scripta mihi valde placuit.
Amicus amicum in temporibus malis deserens miser est.
Homo opera a deo perfecta videt.
Pater filio civitatem relinquenti multas pecunias dabat.
Ab inimicis captus vitam suam defendebat.

8. Bilden Sie eine Wörterschlange, indem Sie die lateinischen Vokabeln ins Deutsche übersetzen. Der Endbuchstabe des vorangehenden Wortes ist mit dem Anfangsbuchstaben des folgenden Wortes identisch.

1. quia - 2. cursus - 3. casus - 4. vivere - 5. nescire - 6. nondum - 7. baptisma - 8. aeternus - 9. impius - 10. scriptura - 11. filia - 12. clamare

9. Übersetzen Sie die Sätze ins Lateinische.

Er hatte mir ein schönes Geschenk gegeben.

Erhöre uns!

Immer werde ich dich lieben.

Der Lehrer hat euch gelobt.

Geh mit uns auf allen Wegen!

Die Freunde haben euch die Tür geöffnet.

10. Bestimmen Sie die Verben.

responderunt - tradentur - imperatum est - feram - eduntur - gesseras - sinet - repperi - promittebatur - fassa es - committebam - aperietur - laudati sumus - imposueramus - occiditur - additi erant - recitabitis - mutas - transibant

11. Übersetzen Sie ins Deutsche.

1. Apostolisches Glaubensbekenntnis

Credo in Deum,

Patrem omnipotentem,

Creatorem caeli et terrae.

Et in Iesum Christum,

Filium eius[1] unicum, Dominum nostrum,

qui conceptus est[2] de Spiritu Sancto,

natus[3] ex Maria Virgine[4],

passus sub Pontio Pilato[5],

crucifixus[6],

mortuus[7]

et sepultus[8],

descendit[9] ad inferos[10]:

tertia die resurrexit[11] a mortuis[12];

ascendit[13] ad caelos

1: eius: seinen *(bezogen auf filius)* * 2: concipio 3 (-cepi, -ceptum): empfangen * 3: nascor 3 (natus sum): geboren werden, entstehen * 4: virgo, ginis, f.: Jungfrau * 5: Pontius Pilatus, i, m.: Pontius Pilatus (*Statthalter von Judäa)* * 6: crucifigo 3 (-fixi, -fixum): kreuzigen * 7: morior 3 (mortuus sum): sterben * 8: sepelio 4 (sepelivi, sepultum): begraben * 9: descendo 3 (-scendi, -scensum): herabsteigen * 10: inferi, orum, n.: die Toten * 11: resurgo 3 (-surrexi, -surrectum): wiederauferstehen * 12: mortuus 3: tot, der Tote * 13: ascendo 3 (-scendi, -scensum): auf-, hinaufsteigen

sedet[1] ad dexteram[2] Dei Patris omnipotentis:

inde[3] venturus est[4] iudicare vivos et mortuos[5].

Credo in Spiritum Sanctum,

sanctam Ecclesiam catholicam[6],

Sanctorum communionem[7],

remissionem[8] peccatorum,

carnis resurrectionem[9],

vitam aeternam. Amen.

1: sedeo 2: sitzen * 2: dexter 3: rechts * 3: inde: von da an * 4: venturus est = veniet * 5: mortuus 3: tot, der Tote * 6: catholicus 3: katholisch, rechtgläubig * 7: communio, onis, f.: Gemeinschaft * 8: remissio, onis, f.: Vergebung * 9: resurrectio, onis, f.: Wiederauferstehung

2. Bekenntnis

Procede[1] in confessione[2], fides mea; dic domino deo tuo: Sancte, sancte, sancte, domine deus meus, in nomine tuo baptizati sumus[3], pater et fili et spiritus sancte, in nomine tuo baptizamus[3], pater et fili et spiritus sancte, quia et apud nos in Christo suo fecit deus caelum et terram, spiritales et carnales partes ecclesiae suae. Et ante terra

---

1: procedo 3: Fortschritte machen, vorangehen * 2: confessio, onis, f.: Bekenntnis * 3: baptizo 1: taufen

nostra invisibilis[1] erat et incomposita[2], et ignorantiae[3] tenebris tegebamur. Non reliquit miseriam[4] nostram misericordia tua, et dixisti: Fiat[5] lux, paenitentiam[6] agite, appropinquavit[7] enim regnum caelorum, paenitentiam[6] agite, fiat[5] lux. et quoniam[8] conturbata erat[9] anima nostra, commemorati sumus[10] tui, domine. Et displicuerunt[11] nobis tenebrae nostrae, et conversi sumus ad te, et facta est lux. Et ecce fuimus aliquando tenebrae, nunc autem lux in domino.

1: invisibilis, e: unsichtbar * 2: incompositus 3: ungeordnet * 3: ignorantia, ae, f.: Unkenntnis, Unwissenheit * 4: miseria, ae, f.: Elend, Unglück * 5: fiat: es soll werden * 6: paenitentia, ae, f.: Buße * 7: appropinquo 1: sich nähern * 8: quoniam: da, weil * 9: conturbo 1: verwirren, in Unordnung bringen * 10: commemoro 1 + Gen.: sich erinnen an * 11: displiceo 2: missfallen

X

Lectio decima

Sententiae latinae

1. At ista omnia dei mei dona sunt. Non mihi ego dedi haec; et dona bona sunt, et haec omnia ego sum. Bonus ergo est, qui fecit me, et ipse est bonum meum, et illi exulto[1] bonis omnibus. Peccabam, quod non in ipso[2], sed in creaturis eius voluptates, sublimitates[3], veritates quaerebam; atque ita inruebam[4] in dolores, confusiones, errores. Gratias tibi.

2. Confitetur altitudini tuae humilitas linguae meae, quoniam tu fecisti caelum et terram ; tu fecisti caelum et terram : hoc caelum, quod video, terramque, quam calco[5].

3. Exaudi, deus. Vae[6] peccatis hominum! Et homo dicit haec, et misereris eius, quoniam tu fecisti eum et peccatum non fecisti in eo.

1: exulto 1 + Abl.: zujubeln wegen etw. * 2: *gemeint ist Gott* * 3: sublimitas, atis, f.: Höhe, Erhabenheit * 4: inruo 3 : hineinstürzen * 5: calco 1: betreten * 6: vae: wehe!

4. Aeger est carus et vena[1] eius malum renuntiat[2]; omnes, qui eum salvum cupiunt, aegrotant[3] simul[4] animo; fit ei recte[5] et nondum ambulat pristinis[6] viribus, et fit iam tale gaudium.

5. Ecce sunt caelum et terra. Mutantur enim atque variantur[7]. Tu ergo, domine, fecisti ea, qui pulcher es - pulchra sunt enim - , qui bonus es - bona sunt enim - , qui es - sunt enim. Nec[8] ita pulchra sunt nec[8] ita bona sunt nec[8] ita sunt, sicut tu conditor eorum. Scimus haec: gratias tibi, et scientia nostra scientiae tuae comparata ignorantia est.

6. Mihi autem displicebat[9], quod agebam in saeculo; et oneri mihi erat valde.

1: vena, ae, f.: Puls * 2: renuntio 1: ankündigen * 3: aegroto 1: leiden * 4: simul + Abl.: zusammen mit * 5: recte: gut * 6: pristinus 3: früher * 7: varior 1: sich verändern * 8: nec = neque * 9: discpliceo 2: nicht gefallen

Verba latina

1	at	aber
	iste, ista, istud	dieser
	hic, haec, hoc	dieser
	ergo	also, folglich
	ipse, ipsa, ipsum	er selbst
	ille, illa, illud	jener

	quod	dass; weil
	is, ea, id	er; dieser
	voluptas, atis, f.	Vergnügen, Lust
	ita	so, auf diese Weise
	confusio, onis, f.	Verwirrung
	error, ris, m.	Irrtum, Fehler, Ungewissheit
2	altitudo, dinis, f.	Erhabenheit, Größe
	lingua, ae, f.	Zunge, Sprache
	quoniam	da ja, weil
3	misereri misereor 2 (miseritus sum) + Gen.	sich erbarmen, Mitleid haben
4	aeger, aegra, aegrum	krank
	malus 3	schlecht, übel, böse
	cupere cupio 3 (cupivi, cupitum)	wünschen
	animus, i, m.	Seele, Geist, Gemüt, Herz
	fieri fio (factus sum)	werden, entstehen, gemacht werden
	vis, f. (Akk. Sgl.: vim; Abl. Sgl.: vi; Nom. Pl.: vires)	Kraft, Stärke, Macht
	iam	schon
	talis, e	derartig
5	conditor, ris, m.	Schöpfer
	scientia, ae, f.	Wissen, Kenntnis
	comparare comparo 1 + Dat. / Abl.	vergleichen; kaufen, erwerben
	ignorantia, ae, f.	Unwissenheit, -kenntnis
6	onus, oneris, n.	Last
	idem, eadem, idem	derselbe

totus 3	ganz
solus 3	allein, einzig
ullus 3	irgendeiner, -jemand
nullus 3	kein
nonnulli, ae, a	einige
uter, utra, utrum	einer von beiden
neuter, neutra, neutrum	keiner von beiden
alter, altera, alterum	der eine, der andere

Leiten Sie die Fremdwörter aus dem Latein her. Nutzen Sie die unten angegebenen Vokabeln.

Exponat - Prohibition - Sequenz - national - Ponton - Presse - vehement - Furie - Traktor - Dezember - statuieren - education *(engl.)* - morbid - Puls - imaginär - Edition - Kommilitone

pons, pontis, m.	Brücke
trahere traho 3 (traxi, tractum)	ziehen, schleppen
educare educo 1	erziehen
premere premo 3 (pressi, pressum)	drücken, hemmen
exponere expono 3 (-posui, -positum)	aussetzen, zur Schau stellen
morbus, i, m.	Krankheit
vehemens, ntis	heftig
miles, litis, m.	Soldat
pellere pello 3 (pepuli, pulsum)	schlagen, stoßen, klopfen
statuere statuo 3 (statui, statutum)	aufstellen, beschließen

sequi sequor 3 + Akk.	folgen
furor, oris, m.	Wut, Raserei
imago, ginis, f.	Bild
prohibere prohibeo 2 (-hibui, -hibitum)	fernhalten, (ver)hindern
edere edo 3 (-didi, -ditum)	herausgeben
decimus 3	zehnter
natio, onis, f.	Volk(sstamm)

Exercitia latina

1. Ordnen Sie die Pronomen zu.

meus - ipsius - quas - tu - quod - se - hunc - tua - sibi - illo - vos - vestro - nostris - qui - me - eorundem - nobis - isti

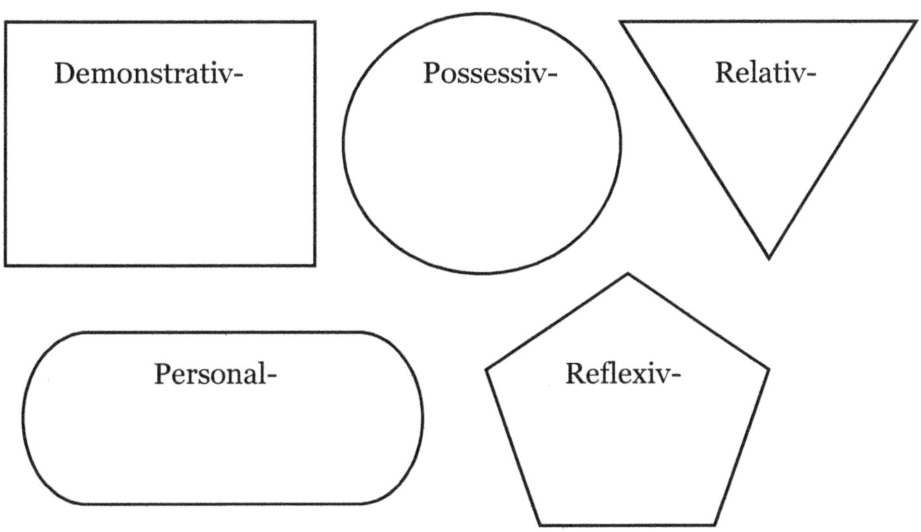

2. Bestimmen Sie die Pronomen. Geben Sie jeweils den Kasus (Fall), Numerus (Anzahl) und das Genus (Geschlecht) an. Die in Klammern stehende Zahl gibt die Möglichkeiten der Bestimmungen an.

eas - solos - ista (4) - ipsi (4) - illorum (2) - nulli (4) - huius (3) - iis (6) - eundem - neutrum (3) - hoc (4) - eadem (4) - ipsas - totius (3) - illae - istos - unius (3) - ullum (3) - utra (4) - alterum (3) - aliarum - nonnullis (6) - ipsam - illi (4) - eum - horum (2)

3. Verbinden Sie die Pronomen mit den passenden Substantiven. Übersetzen Sie die entstandenen Verbindungen ins Deutsche.

illas	doloribus
istud	apostolo
ulli	pace
eo	familias
iis	filiae
hunc	homine
nulla	domini
ipsi	puerum
eiusdem	opus

4. Setzen Sie vor die Substantive jeweils die passende Form von is, ea, id. Achten Sie auf die KNG-Kongruenz.

.... hominem, ... legis, cum .... animo, ... amicorum, ... morbis, ... scientias, ... voluptas, ... ponti , ... testimonium, in .... urbe, ... rem, ... cursu

5. Finden Sie 9 Formen von fieri. Übersetzen Sie diese ins Deutsche.

	A	B	C	D	E	H
1	F	I	E	B	A	T
2	F	I	M	U	S	N
3	I	I	E	F	I	E
4	A	S	U	B	F	I
5	M	A	S	N	A	F
6	O	I	F	I	T	S

6. Leiten Sie die englischen Wörter aus dem Latein her.

second - language - print - science - compare

7. Bestimmen Sie die Substantive. Geben Sie Kasus (Fall), Numerus (Anzahl), Genus (Geschlecht) und die Übersetzung des Nom. Sgl. an.

conditorum - vi - animi - onera - ignorantia - voluptate - altitudinis - morbos - linguae - errores - scientiis - ponti

8. Übersetzen Sie die Verben ins Deutsche.

traxeramus - tracti eramus - trahimus
pressi - premi - premam
pelluntur - pellentur - pellitur
cupivimus - cupiebamus - cupimus

XI

Lectio undecima

Sententiae latinae

1. Lecto Ciceronis[1] *Hortensio*[2] excitatus eram a studio sapientiae.

2. Diem tu noveras ignorantibus nobis.

3. Agebam solita[3] crescente anxitudine[4] et cotidie suspirabam tibi. Frequentabam ecclesiam tuam.

4. Cohibito[5] ergo a fletu illo puero psalterium arripuit Evodius[6] et cantare coepit psalmum. Cui respondebamus omnis domus[7]: Misericordiam et iudicium cantabo tibi, domine.

5. Hoc ipsum erat sapientiae, scire cuius esset[8] hoc donum.

1: Cicero, onis, m.: Cicero *(röm. Politiker, Redner, Philosoph)* * 2: Hortensius, i, m.: Hortensius *(Werk Ciceros, nach dem röm. Redner Hortensius benannt)* * 3: solitum, i, n.: Gewohnheit * 4 : anxitudo, dinis, f.: Angst * 5 : cohibeo 2 (-hibui, -hibitum) : abhalten von * 6 : Evodius, i, m. : Evodius *(männlicher Vorname)* * 7: *omnis domus ist eine nähere Bestimmung zum Prädikat* * 8: esset = est

6. Banküberfall

Während Alypius, Jurist und Freund des Augustinus, im Stadtzentrum von Karthago spazierenging, wollte dort ein junger Mann eine Bank überfallen. Um an das ersehnte Geld zu kommen, versuchte dieser, die Bleigitter an den Geschäften der Geldwechsler mit einem Beil abzuschlagen.

Deambulabat[1] solus Alypius, cum ecce adulescens quidam praecidere[2] plumbum[3] coepit. Sono autem securis[4] audito submumuraverunt[5] argentarii[6] et miserunt eos, qui apprehenderent[7] adulescentem. Vocibus auditis relicto instrumento ille adulescens discessit timens, ne cum eo teneretur[8]. Alypius autem vidit abeuntem et causam scire cupiens; ingressus est locum et inventam securim[4] considerabat[9], cum ecce illi, qui missi erant, reperiunt eum solum ferentem ferrum. Tenent, attrahunt, congregatis inquilinis fori[10] gloriantur.

1: deambulo 1 = ambulo 1 * 2: praecido 3: abschlagen * 3: plumbum, i, n.: Bleigitter * 4: securis, is, f.: Beil * 5: submurmuro 1: murmeln, leise reden * 6: argentarius, i, m.: Geldwechsler * 7: apprehenderent = apprehenderunt * 8: teneretur = tentus est * 9: considero 1: betrachten * 10: inquilinus,i,m. fori: Bewohner des Marktplatzes

Verba latina

1	studium, i, n.	Streben, Eifer
2	ignorare ignoro 1	nicht kennen, nicht wissen
3	cotidie	Täglich
	suspirare suspiro 1	sich sehnen, seufzen
	frequentare frequento 1	oft besuchen
4	fletus, us, m.	Weinen
	psalterium,i, n.	Psalter, Psalmenbuch
	arripere arripio 3 (-ripui, -reptum)	an sich reißen, ergreifen
	cantare canto 1	(be)singen
	incipere incipio 3 (coepi, inceptum)	beginnen
	psalmus, i, m.	Psalm
	domus, us, f. (!)	Haus
	iudicium, i, n.	Urteil, Gericht, (göttliche) Gerechtigkeit
5	esse sum + Gen.	Eigentum / Eigenart / Aufgabe / Zeichen sein von
6	cum + Ind.	als, (jedesmal) wenn
	adulescens, ntis, m.	junger Mann
	quidam, quaedam, quoddam	ein (gewisser)
	sonus, i, m.	Ton, Klang, Stimme
	apprehendere apprehendo 3 (-prehendi, -prehensum)	fassen, ergreifen
	vox, vocis, f.	Stimme, Laut, Ton
	instrumentum, i, n.	Gerät, Werkzeug
	discedere discedo 3 (-cessi, -cessum)	weggehen, verlassen, sich trennen

timere timeo 2 (timui)	fürchten
timeo, ne (!)	fürchten, dass
tenere teneo 2 (tenui, tentum)	(fest)halten
abire abeo (-ii, -itum)	weggehen
causa, ae, f.	Ursache, Grund
ingredi ingredior 3 (ingressus sum)	hineingehen, betreten
ferrum, i, n.	Eisen, Waffe
attrahere attraho 3 (-traxi, -tractum)	(heran)ziehen
congregare congrego 1	(ver)sammeln
gloriari glorior 1 (gloriatus sum)	sich rühmen

Leiten Sie die Vornamen aus dem Latein her. Nutzen Sie die unten angegebenen Vokabeln.

Klara - Lätitia - Konstanze - Viktor - Viktoria - Felix - Ira - Carmen - Pius - Renate - Silvia - Felicitas

ira, ae, f.	Zorn
clarus 3	hell, glänzend, berühmt
constare consto 1 (-stiti, -staturum)	(fest)stehen, kosten
nasci nascor 3 (natus sum)	geboren werden, entstehen
carmen, minis, n.	Lied
victor, ris, m.	Sieger
victoria, ae, f.	Sieg
pius 3	gottesfürchtig, fromm
felix, icis	glücklich

felicitas, atis, f.	Glück, Segen
silva, ae, f.	Wald
laetitia, ae, f.	Freude, Fröhlichkeit

Leiten Sie die Fremdwörter aus dem Latein her. Nutzen Sie die unten angegebenen Vokabeln.

Kapitel - Position - Export - Insomnia - Adoption - familiär - Küster - enter *(engl.)* - Ampel - Justiz - Defizit

custos, odis, m.	Wächter
familia, ae, f.	Familie
ponere pono 3 (posui, positum)	setzen, stellen, legen
ius, iuris, n.	Recht
caput, pitis, n.	Kopf
amplus 3	Weit
optare opto 1	wünschen
deficere deficio 3 (-feci, -fectum)	mangeln, schwinden
somnus, i, m.	Schlaf
portare porto 1	tragen
intrare intro 1	eintreten, betreten

Exercitia latina

1. Bilden Sie zu den Substantiven jeweils den Abl. Sgl. und Pl.

studium - felicitas - carmen - victoria - victor - sonus - dies - fletus - causa - ferrum

2. Bestimmen Sie die Partizipien. Geben Sie Kasus (Fall), Numerus (Anzahl), Genus (Geschlecht), die Ausgangsform (1. Sgl. Präs. Akt.) und deren deutsche Übersetzung an.

scientes - aperti - senso - videntium - cupientis - ductum - fingente - viventi - intellecta - sublatae - dicentes - missa - apprehendentibus

3. Berichtigen Sie die Fehler in den deutschen Übersetzungen.

Sole in caelo stante luna stellaeque a hominibus non videntur.
Nachdem die Sonne am Himmel stand, werden Mond und Sterne von den Menschen nicht gesehen.

Terra a deo perfecta omnes homines etiam ibi vixerunt.
Nachdem die Erde von Gott vollendet wurde, haben dort auch die Menschen gelebt.

Pace a regibus clausa multi incolae civitatis celebrant.
Auf Grund des Friedensschlusses durch die Könige haben viele Einwohner der Stadt gefeiert.

Adulescentibus magnis vocibus clamantibus parvus puer timebat et flere incipiebat.
Der kleine Junge fürchtete sich und begann zu weinen, weil die lauten Stimmen der jungen Männer riefen.

Carminibus pulchris a puero cantatis parentes gaudebant.
Weil von dem schönen Jungen Lieder gesungen werden, freuten sich die Eltern.

Discipuli studentes verba scripserunt magistro novo scholam intrante.
Die sich bemühenden Schüler hatten Wörter geschrieben, damit der neue Lehrer die Schule betreten wird.

4. Ordnen Sie jedem Pronomen ein Substantiv zu. Achten Sie auf die KNG-Kongruenz.

quoddam	felicitatis
quibusdam	fletu
cuidam	iram
quaedam	carmen
quodam	victori
cuiusdam	sonis
quamdam	causa

5. Bestimmen Sie in den Sätzen alle Satzglieder. Übersetzen Sie die Sätze anschließend ins Deutsche.

Gratias tibi ago, quod tu mihi multa bona fecit.
Ego te amo, quia tu semper fidelis bonusque es.
Cum eum videbamus, is ex urbe cum sociis veniebat.
Quoniam vitam nostram servaverunt, nunc integri sumus.
Fit, quod homo alium deserit.

6. Erklären Sie kurz die grammatikalischen Begriffe. Geben Sie jeweils ein lateinisches Beispiel an.

Relativpronomen - Deponens - Adjektiv - Personalpronomen - Plusquamperfekt - Ablativ - Partizip - Substantiv - Genitiv - Futur - Passiv - Konjunktion - Konnektor - Demonstrativpronmen - Dativ - Plural

7. Vervollständigen Sie die Stammformen.

dare	do	....	datum	geben
....	pello	pepuli	pulsum	....
incipere	incipio	....	....	beginnen
discedere	discedo	....	discessum	....
....	....	tenui	tentum	(fest)halten
nasci	....	natus sum		....

claudere	....	....	....	schließen
ferre	fero	....	....	....
censere	....	censui	censum	....

8. Lösen Sie das Silbenrätsel.

1.) felix
2.) abire
3.) timere
4.) incipere
5.) fletus
6.) cotidie
7.) ignorare
8.) frequentare
9.) instrumentum
10.) gloriari

Am - be - be - bro - chen - fürch - ge - gin - glück - hen - ken - lich - lich - men - nen - nen - nen - nicht - oft - rüh - si - sich - su - täg - ten - us - weg - Werk - Wei - zeug

Die verbleibenden Silben geben aneinandergereiht den Namen des Mailänder Bischofs, dessen Predigten Augustinus so sehr beeinflussten, dass er sich taufen ließ.

XII
Lectio duodecima

Sententiae latinae

1. Sed ego infirmior eligebam molliorem[1] locum.

2. Deinde paulatim tu, domine, manu mitissima[2] et misericordissima pertractans[3] composuisti[4] cor meum.

3. Die Eigenschaften Gottes

Quid es ergo deus meus? Summe, optime, potentissime, omnipotentissime, misericordissime et iustissime, secretissime et praesentissime, pulcherrime et fortissime, stabilis et incomprehensibilis, immutabilis, mutans omnia, numquam novus, numquam vetus ...

4. Quanto maius periculum fuit in proelio, tanto est gaudium maius in triumpho.

5. Melior est, qui novit possidere arborem et de usu eius tibi gratias agit.

6. Quid enim miserius misero non miserante[5] se ipsum?

1: mollis, e: angenehm * 2: mitis, e: sanft * 3: pertracto 1: wirken * 4: compono 3 (-posui, -positum): beruhigen * 5: miseror 1: bemitleiden

7. Floria[1]

Augustinus und seine Lebensgefährtin hatten einen gemeinsamen Sohn, der Adeodatus hieß. Monica, die dominante Mutter des Augustinus, beendete diese Beziehung und schickte die Schwiegertochter aus Mailand nach Afrika zurück. Somit stand der Karriere ihres Sohnes nichts mehr im Weg. Um eine standesgemäße Nachfolgerin hatte sie sich bereits gekümmert. Nur war diese so jung, dass man bis zur Hochzeit noch zwei Jahre warten musste.

Avulsa[2] est a latere meo, cum qua cubare[3] solitus eram, cor concisum[4] et vulneratum mihi erat et trahebat[5] sanguinem. Et illa in Africam[6] redierat vovens tibi se alium virum nescituram esse[7] relicto apud me naturali ex illa filio meo. At ego infelix, quia non amator[8] coniugii, sed libidinis servus eram, procuravi[9] aliam, non utique[10] coniugem. Nec[11] sanabatur vulnus illud meum, quod prioris praecisione[12] factum erat, sed post fervorem[13] doloremque acerrimum putrescebat[14] et quasi frigidius, sed desperatius dolebat.

1: In den *Confessiones* ist die Lebensgefährtin des Augustinus namenlos. Der norwegische Schriftsteller Jostein Gaarder gibt dieser Frau in seinem Buch *Das Leben ist kurz. Vita brevis* den schönen Namen *Floria* und somit gleichzeitig ein Gesicht. * 2: avello 3 (avelli, avulsum): wegreißen * 3: cubo 1: schlafen * 4: concido 3 (-cidi, -cisum): zerreißen * 5: traho 3: vergießen * 6: Africa, ae, f.: Afrika * 7: nescituram esse: *Inf. Fut. Akt. von nescio 4* * 8: amator, is, m.: Freund * 9: procuro 1: besorgen * 10: utique: gewiss * 11: nec = neque * 12: prioris praecisio, onis, f.: Trennung von der Ersteren * 13: fervor, ris, m.: Leidenschaft * 14: putresco 3: verfaulen

Verba latina

1	eligere eligo 3 (-legi, -lectum)	herauslesen, auswählen
2	deinde	danach
	paulatim	allmählich
3	misericors, rdis	mitleidig
	summus 3	höchster, oberster
	secretus 3	getrennt, einsam, entlegen
	praesens, ntis	anwesend, gegenwärtig, beistehend
	fortis, e	stark, kräftig, dauerhaft
	stabilis, e	standhaft, fest, dauerhaft
	incomprehensibilis, e	unfassbar, maßlos
	immutabilis, e	unveränderlich
	numquam	nie(mals)
4	quanto ... tanto	je ... desto
	periculum, i, n.	Gefahr
	proelium, i, n.	Kampf
	triumphus, i, m.	Sieg
5	possidere possideo 2 (-sedi, -sessum)	besitzen
	usus, us, m.	Gebrauch, Nutzen
7	latus, teris, n.	Seite
	solere soleo 2 (solitus sum)	pflegen, gewohnt sein
	vulnerare vulnero 1	verwunden, verletzen
	sanguis, inis, m.	Blut
	redire redeo (-ii, -itum)	zurückgehen, -kehren

vovere voveo 2 (vovi, votum)	geloben
naturalis, e	leiblich, natürlich
infelix, icis	unglücklich
coniugium, i, n.	Ehe
coniunx, coniugis, m. / f.	Gatte, Gattin
libido, dinis, f.	Begierde, Verlangen
servus, i, m.	Sklave, Diener
vulnus, neris, n.	Wunde
post + Akk.	nach, hinter
acer, acris, acre	spitz, scharf, heftig
quasi	gewissermaßen
frigidus 3	kalt, kühl, frostig
desperatus 3	hoffnungslos, verzweifelt
magnus 3 maior, ius - maximus 3	groß, bedeutend
bonus 3 melior, ius - optimus 3	gut
parvus 3 minor, nus - minimus 3	klein
malus 3 peior, ius - pessimus 3	schlecht
multi 3 plures, ria - plurimi 3	viele

Leiten Sie die Fremdwörter aus dem Latein her. Nutzen Sie die unten angegebenen Vokabeln.

Immobilie - parieren - Dur - Tutor - Assimilation - rational - pietätlos - Paar - rapide

durus 3	hart
pietas, atis, f.	Pflichtgefühl, Frömmigkeit
parere pareo 2 (parui, pariturum)	(auf Befehl) erscheinen, gehorchen
tutus 3	geschützt, gesichert, gefahrlos
rapere rapio 3 (rapui, raptum)	fort-, weg-, abreißen
mobilis, e	beweglich
similis, e	ähnlich
par, paris	gleich, entsprechend
ratio, onis, f.	Vernunft, Überlegung, Berechnung, System

Exercitia latina

1. Ordnen Sie die Adjektive den Wortfeldern Charaktereigenschaften, Religion *und* menschliches Aussehen *zu.*

senex - iustus - magnus - liberalis - pulcher - laetus - fidelis - superbus - parvus - inquietus - gravis - sanctus - felix - novus - pius

2. Bestimmen Sie die Adjektive. Geben Sie jeweils die Steigerungsstufe, Kasus (Fall), Numerus (Anzahl) und Genus (Geschlecht) an.

desperatioris - parem - stabillimo - naturaliorum - acris - secretissima - praesentes - clariori - durissimi - similium - tutiore - fortius - pio - infelicissimis - frigidum - immutabillimarum - incomprehensibile

3. Ordnen Sie die Adjektive in die Tabelle ein.

melius - latus - maximam - breve - frigidissimi - gravis - maiora - fortem - iustiori - clarissimis - minoris - plurimos - magnae - minimo - dulciores - peiorem - optima - novo - varius - plenissimorum - nobilissima - felicibus

Positiv	Komparativ	Superlativ

4. Finden Sie die Irrläufer. Begründen Sie Ihre Entscheidung.

a) brevissimus - optimus - fortior - maximus

b) similis - par - magnus - dulciter

c) maior - arbor - peior - gravior

d) dulce - mobile - secure - fidele

e) pulcherrima - liberalissimo - iustissime - sanctissimi

5. Finden Sie alle Adverbien. Die Anfangsbuchstaben der verbleibenden Wörter ergeben den Titel einer Schrift, die Augustinus verfasst hat.

cum - opto - semper - nos - aliquando - felici - numquam - minime - et - sine - male - nunc - sed - impio - infeliciter - ordinatore - cotidie - noster - hodie - erit - spiritualius - spe - deinde - tunc

6. Bestimmen Sie die Formen.

latus - somnus - raptus; coniugii - coniugi; posside - serve - ratione; usui - triumphi - sanguine; periculis - misericordis - stabilis; possideo - rapto - tuto; vovebit - eligit - paruit; vulnerata - vulnera

7. Lesen Sie die Inschrift und übersetzen Sie diese ins Deutsche. Beachten Sie, dass auch für U ein V geschrieben wurde.

ETPVLCHRASVNTOMNIAFACIENTETEETECCETVPVLCHRIORQ
VIFECISTIOMNIA

8. Bilden Sie die Formenketten für die Verben vulnerare *und* rapere. *Übersetzen Sie die entstandenen lateinischen Formen.*

1.Sgl.Präs. Akt.	1.Sgl.Imperf. Akt.	1.Sgl.Perf. Akt.	1.Sgl.Plus. Akt.

3.Sgl.Präs. Pass.	3.Sgl.Imperf. Pass.	3.Sgl.Fut. Pass.	3.Sgl.Perf. Pass.

Repetitio quarta

1. Vervollständigen Sie die Tabelle.

	is	hic	ille	alius	totus
victoriam					
triumphis					
felicitati					
Vulnus					
Vultu					

2. Ordnen Sie die gesteigerten Adjektive den entsprechenden Positiven (Grundformen) zu. Beginnen Sie jeweils mit den Komparativen.

minimus - maior - optimus - peior - maximus - minor - melior - pessimus

magnus	bonus	parvus	malus

3. Verbinden Sie je ein Adjektiv mit einem Substantiv. Achten Sie auf sinnvolle Verbindungen und übersetzen Sie diese ins Deutsche.

secretissima	magister
tutiore	victori
desperatus	carmen
felicissimi	urbs
fortiori	servis
clarius	coniuges
stabilioribus	loco

4. Ordnen Sie die Wörter in die Tabelle ein. Übersetzen Sie die lateinischen Wörter.

et - sum - ille - quia - pro - cum - cum - qui - ibi - aut - semper - ius - nos - fio - ira - is - lux - enim - ago - res - a - tum - ad - se - lex - iam - alo - per - hodie - do

Verb	Subst.	Präp.	Konjunk.	Pron.	Adverb

5. Lösen Sie das Kreuzworträtsel.

Die Buchstaben in den grauen Feldern ergeben zeilenweise vn oben nach unten gelesen den Namen des heutigen Landes, aus dem Augustinus stammte.

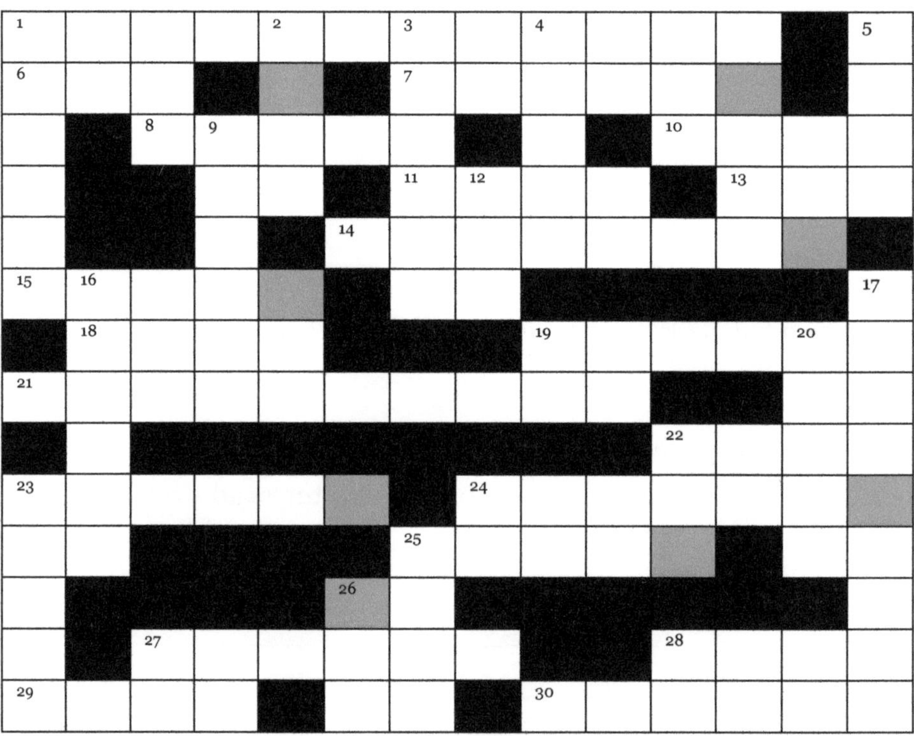

Waagerecht: 1. desperatus - 6. coniugium - 7. iudicium - 8. non - 10. domus - 11. ira - 13. bonus - 14. instrumentum - 15. coniunx - 18. vox - 19. schola - 21. paulatim - 22. donum - 23. victor - 24. furor - 25. cura - 27. par - 28. liberalis - 29. honor - 30. tum

Senkrecht: 1. vehemens - 2. post - 3. usus - 4. fortis - 5. onus - 9. error - 12. locus - 16. solus - 17. sacramentum - 20. laudare - 23. spiritus - 25: se - 26. numquam

6. Ordnen Sie je einen Ablativus absolutus zu einem passenden Hauptsatz. Übersetzen Sie die entstandenen Sätze ins Deutsche.

a) hominibus in ecclesia congregatis	1) nos omnes domum venerunt
b) operibus gravibus perfectis	2) homines a pulcherrima voce delectantur
c) magistro psalmum recitante	3) propheta intrat
d) adulescente carmina cantante	4) discipuli loquebantur

7. Wandeln Sie die Substantive in den jeweils anderen Numerus (Anzahl). Übersetzen Sie die entstandenen Wörter ins Deutsche.

linguam - morbi - coniuge - onus - studia - carmen - silvae - servorum - usu - lateri - errores - causa - victoris - animis - rationum - pericula

8. Übersetzen Sie die Verben ins Deutsche.

coepimus - fiebas - tentus est - congregatis - cantabunt - pellor - educate - miseriti eramus - fiet - frequentabamur - possessa erant - pare - ingrediuntur - traxerat - rapiar - exponi - optavit - vulneravisse

9. Deuten Sie die Fremdwörter, indem Sie diese aus dem Latein herleiten.

neutral - Attraktion - Ration - Animation - Kongregation - Assimilation - Komparation - Extraktion - Null - konstant - Linguistik

10. Übersetzen Sie die Sätze ins Deutsche. Beachten Sie den unterschiedlichen Gebrauch der Formen von esse.

In bona voluntate pax nobis est. - Ita est. - Horrori[1] mihi erat illud ingenium[2]. - Ecce pietas est sapientia. - Hortulus[3] quidam erat hospitii[4] nostri. - Ecce facta sunt nova.

1: horror, ris, m.: Entsetzen, Schrecken * 2: ingenium, i, n.: Begabung, Talent * 3: hortulus, i, m.: kleiner Garten * 4: hospitium, i, n.: Haus

11. Übersetzen Sie ins Deutsche.

1. Augustinus nach Johannes

In principio erat verbum et verbum erat apud deum et deus erat verbum. Hoc erat in principio apud deum. Omnia per ipsum facta sunt et sine ipso factum est nihil[1]. Quod factum est, in eo vita est, et vita erat lux hominum. Et lux in tenebris lucet[2], et tenebrae eam non comprehenderunt[3].

1: nihil: nichts * 2: luceo 2: (hervor)leuchten, hell sein * 3: comprehendo 3 (-hendi, -hensum): ergreifen, begreifen

2. Adeodatus, der Sohn des Augustinus

Rückblickend erzählt Augustinus über die herausragenden Fähigkeiten seines bereits verstorbenen Sohnes Adeodatus, den er sogar in seiner Schrift "Über den Lehrer" auftreten lässt.

Adiunximus[1] etiam nobis puerum Adeodatum[2] ex me natum carnaliter de peccato meo. Tu bene[3] feceras eum. Annorum erat ferme[4] quindecim[5] et ingenio[6] praeveniebat[7] multos graves et doctos viros. Munera tua tibi confiteor, domine deus meus, creator omnium: Nam[8] ego in illo puero praeter[9] delictum[10] non habebam[11]. Quod[12] enim et nutriebatur[13] a nobis in disciplina tua, tu inspiraveras[14] nobis, nullus alius. Munera tua tibi confiteor. Est liber noster, qui inscribitur[15] *de magistro*. Ipse ibi mecum loquitur. Horrori[16] mihi erat illud ingenium[6]. Et quis praeter[9] te talium miraculorum[17] opifex[18]? Cito[19] de terra abstulisti vitam eius, et securior eum recordor[20] non timens.

1: adiungo 3 (-iunxi, -iunctum): mitnehmen; *gemeint sind Augustinus und sein Freund Alypius* * 2: Adeodatus, i, m.: Adeodatus * 3: bene: gut *(Adv.)* * 4: ferme: fast * 5: quindecim: fünfzehn * 6: ingenium, i, n.: Begabung, Talent * 7: praevenio 4: übertreffen * 8: nam: denn, nämlich * 9: praeter + Akk.: abgesehen von * 10: delictum, i, n.: Vergehen * 11: habeo 2: Anteil haben * 12: quod: dass * 13: nutrio 4: aufziehen * 14: inspiro 1: eingeben * 15: inscribo 3: überschreiben * 16: horror, ris, m.: Entsetzen, Schrecken * 17: miraculum, i, n.: Wunder * 18: opifex, ficis, m.: Urheber * 19: cito: schnell *(Adv.)* * 20: recordor 1 + Akk.: sich erinnern an

XIII

Lectio tertia decima

Sententiae latinae

1. Discite bonum facere et venite, disputemus, dicit dominus.

2. Quid igitur agam, tu vera mea vita, deus meus?

3. Ne memor fueris[1] iniquitatum nostrarum antiquarum.

4. Reges terrae et omnes populi, principes et omnes iudices terrae, iuvenes et virgines, seniores cum iunioribus laudent nomen tuum.

5. Pereant omnia et dimittamus haec vana et inania: conferamus nos ad solam inquisitionem veritatis.

6. Mira profunditas eloquiorum tuorum, mira profunditas, deus meus, mira profunditas! Odi hostes eius[2] vehementer: o si occidas eos de gladio bis acuto[3], et non sint hostes eius[2]!

7. Non amabam litteras et me in eas urgeri[4] oderam; non enim discerem, nisi cogerer.

1: memor sum + Gen.: sich erinnern an * 2: *bezogen auf eloquium* * 3: de gladio bis acuto: mit dem zweischneidigen Schwert * 4: urgeo 2: drängen

8. Nam si primo sanctis tuis litteris informatus essem, fortasse aut[1] abripuissent me a solidamento[2] pietatis[3].

9. Et misisti[4] manum tuam ex alto et de hac profunda caligine[5] eruisti animam meam, cum pro me fleret ad te mea mater, mea mater. Et exaudisti eam, domine. Exaudisti eam nec[6] despexisti lacrimas eius, cum profluentes rigarent terram. Exaudisti eam.

10. Quomodo ergo te quaero, domine? Cum enim te, deum meum, quaero, vitam beatam quaero. Quaeram te, ut vivat anima mea. Vivit enim corpus meum de anima mea et vivit anima mea de te. Quomodo ergo quaero vitam beatam?

11. Rogabam te parvus non parvo affectu, ne in schola vapularem.

12. Alypius[7] petit videre, quid legissem. Ostendi, et attendit ...

1: aut: sonst * 2: solidamentum, i, n.: das Festhalten * 3: pietas, atis, f.: Gesinnung * 4: mitto 3: ausstrecken, reichen * 5: caligo, ginis, f.: Finsternis, Dunkelheit * 6: nec = neque * 7: Alypius, i, m.: Alypius *(Freund des Augustinus)*

Verba latina

1	discere disco 3 (didici)	lernen, erfahren
	disputare disputo 1	erörtern, *hier:* miteinander reden
2	igitur	also, folglich
3	antiquus 3	alt
4	princeps, ipis, m.	erster / Herrscher
	iudex, dicis, m.	Richter
	virgo, ginis, f.	junge Frau, Jungfrau
	senior / senior, ris, m.	älter / Greis, alter Mann
	iunior, ris, m.	junger Mann
5	perire pereo (-ii, -itum)	zugrunde gehen
	vanus 3	leer, unbedeutend, trügerisch
	inanis, e	leer, unnütz
	conferre confero (-tuli, collatum)	zusammentragen, *hier:* richten auf
	inquisitio, onis, f.	Erforschung, Untersuchung
6	odisse odi (Perf.!)	hassen (Präs.)
	hostes, is, m.	Feind
	si + Konj.	wenn, falls
7	nisi	wenn nicht, außer
	cogere cogo 3 (coegi, coactum)	(ver)sammeln, zwingen
8	nam	denn, nämlich
	fortasse	vielleicht
9	altum, i, n.	Höhe
	lacrima, ae, f.	Träne

	cum + Konj.	als, weil, obwohl
10	beatus 3	glücklich, zufrieden, gesegnet
	ut + Konj.	dass, damit
	corpus, poris, n.	Körper
11	ne + Konj.	dass nicht, damit nicht
12	ostendere ostendo 3 (ostendi, ostentum)	zeigen

Leiten Sie die Begriffe aus dem Latein her. Nutzen Sie die unten angegebenen Vokabeln.

Ora et labora! - Konsum - Flamingo - Argentinien - Kommune - Nihilismus - dekadent - amortisieren - Reduzierung - long *(engl.)* - Referenz - Konkurs - Absolution - Benefizveranstaltung - Advent - Konzil - Epistel - Kondition - Cent - Tribut - Sessel - Salut - Horarium - mea culpa - Imperativ

solvere solvo 3 (solvi, solutum)	lösen
communis, e	gemeinschaftlich, gemeinsam
advenire advenio 4 (-veni, -ventum)	ankommen
argentum, i, n.	Silber, Geld
cadere cado 3 (cecidi, casurum)	fallen
epistula, ae, f.	Brief
sumere sumo 3 (sumpsi, sumptum)	nehmen
salus, utis, f.	Gesundheit, Wohl, Rettung, Gruß
centum	hundert
flamma, ae, f.	Flamme, Feuer

tribuere tribuo 3 (tribui, tributum)	zuteilen, erweisen
sedere sedeo 2 (sedi, sessum)	sitzen, sich setzen
longus 3	lang
hora, ae, f.	Stunde, Zeit
nihil	nichts
culpa, ae, f.	Schuld, Vergehen
condicio, onis, f.	Bedingung, Lage
reducere reduco 3 (-duxi, -ductum)	zurückbringen, -führen
mori morior (mortuus sum) 3	sterben
referre refero (-tuli, -latum)	zurücktragen, wiederherstellen
imperare impero 1 (imperavi, imperatum)	befehlen
beneficium, i, n.	Wohltat, Hilfe
concilium, i, n.	Versammlung
concursus, us, m.	Zusammenlaufen, Zusammenstoßen
laborare laboro 1	arbeiten

Exercitia latina

1. Bestimmen Sie die Konjunktive. Geben Sie Person, Numerus (Anzahl), Tempus (Zeit) und Genus verbi (Handlungsart) an.

cecidisses - adveniret - tributum esset - simus - didicerint - disputemus - conferrentur - docti sitis - coegissent - sumeretur - sedeas - soluti essent - pereamus - fuerint - sumptus sis - doceamus

2. Setzen Sie die gegebenen Formen jeweils in den Konjunktiv. Behalten Sie Person, Numerus (Anzahl), Tempus (Zeit) und Genus verbi (Handlungsart) bei.

disputamus -
disputatum est -
sumpsit -
discebam -
est -
vulnerantur -

solvo -
fio -
tribuitur -
disputamus -
adveneras -
it -

3. Finden Sie die Konjunktive. Die Anfangsbuchstaben der verbleibenden Wörter ergeben aneinandergereiht einen lateinischen Lösungssatz. Übersetzen Sie diesen ins Deutsche.

ameris - accipiebam - eat - tenerer - unam - dolent - eligat - ire -

defensum esses - auximus - portent - timeor - urbes - recitabitur - essent - resisterem - exponunt - perficiatis - tenebamus - audiunt - coepisset - laudatur - luderent - transeo - eris - rapiebantur - ferret - celebravissemus - attraxeratis - ferat - placebit - accipite - mittamus - relinques - sumus - sit

4. Übersetzen Sie die Sätze ins Deutsche.

Christus mansionem[1] benedicat. - Do, ut des. - Fiat lux. - Vivat, crescat, floreat. - Anathema[2] sit. - Diabolus[3] te habeat. - Requiescat[4] in pace. - Si tacuisses[5], philosophus mansisses.

1: mansio, onis, f.: Gebäude * 2: anathema, atis, n.: Fluch, Kirchenbann * 3: diabolus, i, m.: Teufel * 4: requiesco 3: ruhen * 5: taceo 2 (tacui, tacitum): schweigen

5. Finden Sie in jeder Reihe einen Irrläufer. Begründen Sie Ihre Entscheidung.

a) salus - concursus - corpus

b) discere - cogere - sedere

c) virgo - princeps - iudex

d) ne - ut - nam

e) reducitur - sumitur - igitur

6. Lösen Sie das Rätsel. Die Buchstaben in den grauen Feldern ergeben die nordafrikanische Stadt, in der Augustinus Bischof wurde.

1. Zeit, Stunde - 2. also, folglich - 3. zugrunde gehen - 4. erster - 5. Körper - 6. Jungfrau, junge Frau - 7. älter / Greis, alter Mann - 8. Geld, Silber - 9. Richter - 10. lang

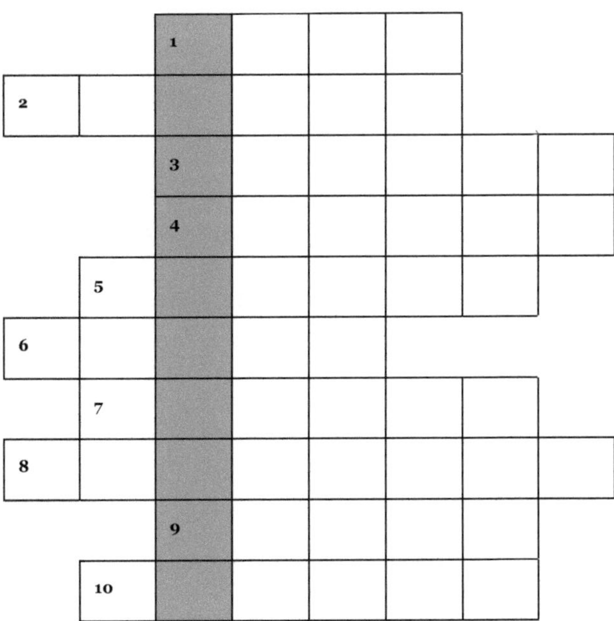

7. Finden Sie die Fehler in den Stammformen und korrigieren Sie diese.

cadere	cado	caesi	casurum	fallen
advenire	advenio	advenui	adventum	ankommen
conferre	confero	contuli	conlatum	tragen
solvere	solveo	solui	solutum	lösen
cogere	cogio	coegi	coactum	führen
sumere	sumo	sumi	sumptum	nehmen
discere	disco	didici	dictum	lehren

8. Ordnen Sie jedem lateinischen Wort seine Übersetzung zu.

fortasse	als, weil, obwohl; mit; (jedesmal) wenn
nisi	wenn, falls
nam	dass, damit
ne	vielleicht
cum	wenn nicht
ut	also, folglich
si	denn, nämlich
igitur	dass nicht, damit nicht

XIV

Lectio quarta decima

Sententiae latinae

1. Sed ea nocte clanculo ego profectus sum, illa[1] autem non; mansit orando et flendo.

2. Habet[2] etiam honor temporalis et imperitandi atque superandi potentia suum decus.

3. Non ibi inveniebam locum ad requiescendum.

4. Ecce tempora veniebant et praeteribant de die in diem et veniendo et praetereundo inserebant mihi spes alias et alias memorias.

5. Et nos alio tempore[3] moti sumus ad bene faciendum, posteaquam[4] concepit de spiritu tuo cor nostrum; priore autem tempore[5] ad male faciendum movebamur deserentes te: tu vero, deus une bone, numquam cessa[vi]sti bene facere.

6. Omnia possum in[6] eo, qui me confortat.

1: *gemeint ist Monica, die Mutter des Augustinus* * 2: *Subjekt ist* honor temporalis et imperitandi atque superandi potentia * 3: alio tempore: jetzt * 4: posteaquam: nachdem * 5: priore tempore: früher * 6: in + Abl. = cum + Abl.

7. Cogitare aliud non poteram; nam falsum erat.

8. Et quid mihi proderat, quod[1] omnes libros artium, quas liberales vocant, tunc legi et intellexi?

9. Engel

Laudent nomen tuum, laudent te supercaelestes[2] populi angelorum tuorum, qui non opus habent suspicere firmamentum hoc et legendo cognoscere verbum tuum. Vident enim faciem tuam semper et ibi legunt, quid velit[3] aeterna voluntas tua. Legunt, eligunt et diligunt; semper legunt et numquam praeterit, quod legunt. Eligendo enim et diligendo legunt ipsam incommutabilitatem[4] consilii tui. Non clauditur codex eorum nec plicatur liber eorum.

10. Wenn der Lehrer krank ist ...

Augustinus ringt mit sich, da er wegen einer Erkrankung seine Lehrtätigkeit unterbrechen muss.

Ipsa aestate litterario[5] labori nimio pulmo meus cedere coeperat et difficulter[6] trahere suspiria[7]. Primo perturbaverat me, quia magisterii illius sarcinam paene iam necessitate deponere cogebat aut, si curari et convalescere potuissem, certe intermittere.

1: quod: dass * 2: supercaelestis, e: überhimmlisch * 3: velit: er sie, es will * 4: incommutabilitas, atis, f.: Unveränderlichkeit * 5: litterarius 3: wissenschaftlich * 6: difficulter: *Adv. zu difficilis* * 7: suspiria traho 3: atmen

Verba latina

1	proficisci proficiscor 3 (-fectus sum)	aufbrechen, abreisen
2	temporalis, e	zeitlich, irdisch
	superare supero 1	überlegen sein, überragen
	potentia, ae, f.	Macht
	decus, coris, n.	Schmuck, Ruhm
3	requiescere requiesco 3(-quievi)	(aus)ruhen, sich erholen
5	bene	gut
	concipere concipio 3 (-cepi, -ceptum)	empfangen, schwanger werden
	cessare cesso 1	zögern, nachlassen
6	posse possum (potui)	können
7	falsus 3	falsch, unwahr
8	prodesse prosum (-fui)	nützen
	ars, artis, f.	Kunst, Handwerk, Wissenschaft
9	firmamentum, i, n.	Himmel(sgewölbe)
	consilium, i, n.	Absicht, Plan
10	aestas, atis, f.	Sommer
	labor, ris, m.	Arbeit, Mühe
	cedere cedo 3 (cessi, cessum)	gehen; *hier:* nachgeben
	difficilis, e	schwer, schwierig; *hier:* mühsam
	primo	zuerst
	perturbare perturbo 1	beunruhigen
	paene	beinahe, fast
	necessitas, atis, f.	Notwendigkeit, Zwang

deponere depono 3 (-posui, -positum)	weg-, ablegen
curare curo 1	sich sorgen um, pflegen, heilen
convalescere convalesco 3 (-valui)	gesund werden
certus 3	sicher, bestimmt
intermittere intermitto 3 (-misi, -missum)	unterbrechen

Leiten Sie die Wörter aus dem Latein her. Nutzen Sie die unten angegebenen Vokabeln.

urbi et orbi - Traktat - absent *(engl.)* - Okkultismus - Exerzitien - etc. - satisfaction *(engl.)* - Singular - trist - Status - Petition - profan - episkopal - aggressiv - Kongregation - Futur - Konsekration - Festival - korrekt - Privatier - Institution - Sakralbau - kontinuierlich - sensibel - Ingenieur - Navigation - Deportation

episcopus, i, m.	Bischof
deportare deporto 1	wegschaffen
petere peto 3 (petivi, petitum)	bitten, erstreben
satis	genügend, ausreichend
tractare tracto 1	behandeln, sich beschäftigen
aggredi aggredior 3(aggressus sum)	herantreten, angreifen
abesse absum (afui, afuturum)	abwesend sein
singuli 3	einzeln, jeder einzelne
sacer, sacra, sacrum	heilig
occultus 3	verborgen

consecrare consecro 1	weihen, heiligen
profanus 3	ungeweiht, unheilig, gottlos, heidnisch
tristis, e	traurig, betrübt
ceteri 3	die übrigen
exercere exerceo 2 (-ercui, - ercitum)	üben
futurus 3	künftig
grex, gregis, m.	Herde, Schar, Gemeinde
status, us, m.	Zustand, Lage
rectus 3	gerade, richtig
privatus 3	eigen, persönlich
sensus, us, m.	Gefühl, Verstand, Bedeutung
instituere instituo 3 (-stitui, -stitutum)	einrichten, unterweisen
continuus 3	ununterbrochen, fortlaufend
orbis, is, m.	Kreis
navigare navigo 1	zur See fahren
ingenium, i, n.	Begabung, Talent
festus 3	festlich

Exercitia latina

1. Übersetzen Sie die Sätze ins Deutsche. Achten Sie auf die Wörter mit -nd- und -nt-.

Nunc tempus libros legendi est. - Agricola laborem difficilem intermittens requiescere potest. - Te artem scribendi discere bonum est. - Multi homines a cantando carmina delectantur. - Coniunx argentum dominae suae apud mensam sedenti dabat. - Magistri etiam docendo discunt. - Domino requiescente servi in urbem proficiscuntur. - Mater vulnera filiae flentis curavit.

2. Übersetzen Sie die deutschen Sätze ins Lateinische. Nutzen Sie dazu jeweils das Gerundium.

Es ist Zeit, zu spielen. - Durch das Hören erfahren wir vieles. - Ich erlernte in der Schule die Kunst des Schreibens. - Er fürchtet das Bestrafen.

3. Lösen Sie das Silbenrätsel. Fügen Sie die verbleibenden Silben zum lateinischen Titel eines Werkes, das Augustinus verfasst hat, zusammen.

1. futurus - 2. tristis - 3. tractare - 4. necessitas - 5. perturbare -
6. aestas - 7. firmamentum - 8. ars - 9. temporalis - 10. prodesse

be - de - Wis - künf - rig - ci - tig - keit - gen - nüt - mels - wen - be - Som - vi - deln - wöl - schaft - dig - mer - sen - ta - han - zeit - Not - Him - te - zen - be - ge - hi - dei - lich - ru - trau - un

4. Übersetzen Sie die Substantive ins Deutsche. Beachten Sie, dass die Formen gebeugt sind.

consilio - decoris - necessitates - laborum - aestatem - firmamentum - potentiae - artes - decora - consiliis - potentiarum - artem - aestate

5. Ordnen Sie die Pronomen in die Tabelle ein. Übersetzen Sie diese anschließend.

nos - ille - meus - quis - hic - vos - ipse - tuus - ego - idem - noster - tu - vester - iste - quid

Personal-	Possessiv-	Demonstrativ-	Interrogativ-

6. Finden Sie je 5 Formen von posse *und* prodesse. *Übersetzen Sie diese ins Deutsche.*

	A	B	C	D	E	F	G	H	I
1	P	R	O	D	E	R	I	T	I
2	T	H	P	R	O	D	E	S	T
3	P	R	O	D	E	R	A	M	S
4	T	O	T	M	A	R	S	U	I
5	E	I	U	N	E	N	A	S	U
6	S	L	I	U	U	I	S	O	F
7	S	A	T	R	A	C	E	R	O
8	O	O	R	E	T	O	P	P	R
9	P	O	S	S	U	M	U	S	P

7. Bestimmen Sie die Verbformen.

tractabantur - deponemus - cesserint - convalescis - intermisi erant - perturbetis - aggressus est - tractari - deponunt - peteres - intermitti - superatus sum - exercebit - curet - deponatis - perturbimini - concipiuntur - proficiscetur - cessavissent - perturbate - requiescam

8. Erklären Sie die Begriffe, indem Sie diese aus dem Latein herleiten.

diffizil - temporär - Tristesse - Zertifikat - Kuratorium - super - Singularetantum - Deponens - dekorieren - Artefakt

XV

Lectio quinta decima

Sententiae latinae

1. Quid enim est, quod volo dicere, domine?

2. Avaritia multa possidere vult: et tu possides omnia.

3. Ego cum deliberabam, ut iam servirem domino deo meo. Ego eram, qui volebam, ego, qui nolebam; ego eram.

4. Noli esse vana, anima mea.

5. Hinc verba discuntur, hinc adquiritur eloquentia maxime necessaria sententiis explicandis.

6. Mentis seductores a te recesserunt horrenda arrogantia, a te vero lumine inluminante omnem hominem venientem in hunc mundum.

7. Pergo[1] inde ad laudandum te, creatorem mirificum atque ordinatorem rerum omnium.

8. Neque timendum est, ne ille[2] non agnoscat in fine saeculi locum, unde me resuscitet.

1: pergo 3: fortfahren * 2: *gemeint ist Gott*

9. Vita misera est, mors incerta est. Subito obrepat: quomodo hinc exibimus? Et ubi nobis discenda sunt, quae hic[1] neglegimus? Ergo et hoc quaerendum est.

10. Itaque flagitia, quae sunt contra naturam, ubique ac semper detestanda[2] atque punienda sunt.

11. Nec tamen mihi catholicam viam tenendam esse sentiebam.

12. Der Birnendieb

Augustinus schildert ein Erlebnis aus seiner Jugend, das er später als schlecht und höchst unsittlich bewertet.

Arbor erat pirus in vicinia nostrae vineae pomis onusta nec forma nec sapore inlecebrosis. Ad hanc excutiendam atque asportandam[3] nequissimi adulescentuli perreximus[4] nocte intempesta - quousque[5] ludum de[6] pestilentiae[7] more in areis[8] produxeramus[9] - et abstulimus inde onera ingentia, non ad nostras epulas, sed vel[10] proicienda porcis: Ecce cor meum, deus, ecce cor meum, quod miseratus es in imo abyssi[11]. Cor meum dicat tibi nunc, ecce cor meum, quid ibi quaerebat, ut[12] essem gratis[13] malus et malitiae meae causa nulla esset nisi malitia.

1: hic: hier * 2: detestor 1: verabscheuen * 3: asporto 1: plündern * 4: pergo 3 (-rexi, -rectum): sich aufmachen * 5: quousque: so lange * 6: de + Abl.: nach * 7: pestilentia, ae, f.: Verderben, Unheil * 8: area, ae, f.: öffentlicher Platz * 9: produco 3 (-duxi, -ductum): ausdehnen * 10: vel: vielmehr * 11: abyssus, i, f.: Abgrund * 12: ut: dass * 13: gratis: sehr

Foeda[1] erat, et amavi eam. Amavi perire, amavi defectum meum. Defectum meum ipsum amavi, turpis anima et dissiliens[2] a firmamento tuo in exterminium[3] dedecus appetens.

1: foedus 3: scheußlich, verderblich * 2: dissilio 4: springen * 3: exterminium, i, n.: Zerstörung, Untergang

Verba latina

1	velle volo (volui)	wollen
2	avaritia, ae, f.	Gier, Geiz
3	deliberare delibero 1	beschließen, überlegen
	servire servio 4	dienen
	nolle nolo (nolui)	nicht wollen
5	eloquentia, ae, f.	Beredsamkeit, das Sprechen
	maxime	besonders
	necessarius 3	notwendig
6	horrere horreo 2 (horrui)	sich entsetzen
7	inde	von da an, hierauf
	mirificus 3	bewundernswert, wunderbar
8	agnoscere agnosco 3 (-novi, -nitum)	erkennen, wahrnehmen
9	mors, mortis, f.	Tod
	incertus 3	unsicher, ungewiss
	exire exeo (-ii, -itum)	hinaus-, weggehen, ausweichen

	neglegere neglego 3 (-lexi, -lectum)	vernachlässigen, nicht achten
10	flagitium, i, n.	Schandtat
	contra + Akk.	gegen
	natura, ae, f.	Natur
	ubique	überall
	punire punio 4 (punivi, punitum)	(be)strafen
11	catholicus 3	allgemein, rechtgläubig
12	forma, ae, f.	Aussehen, Gestalt
	ludus, i, m.	Spiel, Spaß, Schule
	mos, moris, m.	Sitte, Brauch
	ingens, entis	ungeheuer, gewaltig
	defectus, us, m.	Fehler, Schwäche
	turpis, e	schändlich, unsittlich
	disponere dispono 3 (-posui, -positum)	ordnen, einteilen

Leiten Sie die Fremdwörter aus dem Latein her. Nutzen Sie die unten angegebenen Vokabeln.

Autorität - Konkordanz - Krimi - Tafel - Exil - obskur - Reklame - Nominativ - Pastor - rhetorisch - Material - tolerant - Medien - Vakuum - Dormitorium - Luxus - Original - Kollektion - vespern - Prämie - human - äquivalent - Terrorismus - Kolloquium - Postulat - Konklave - Angina pectoris

praemium, i, n.	Belohnung
dormire dormio 4	schlafen

postulare postulo 1	fordern, beantragen
tolerare tolero 1	ertragen, aushalten
rhetor, ris, m.	Redner
colligere colligo 3 (-legi, -lectum)	sammeln
crimen, minis, n.	Verbrechen
concordia, ae, f.	Eintracht, Einigkeit
nominare nomino 1	(be)nennen
pastor, ris, m.	Hirte
materia, ae, f.	Stoff, Ursache
origo, ginis, f.	Ursprung
humanus 3	menschlich, gebildet
vacuus 3	leer, frei
terror, ris, m.	Schrecken
clavis, is, f.	Schlüssel
clamor, ris, m.	Geschrei, Lärm
exilium, i, n.	Verbannung, Fremde
obscurus 3	dunkel, versteckt
auctoritas, atis, f.	Einfluss, Ansehen
aequus 3	gleich
luxuria, ae, f.	Üppigkeit, Zügellosigkeit
colloquium, i, n.	Gespräch
pectus, toris, n.	Brust, Verstand, Geist, Seele
vesper, i, m.	Abend, Westen
medius 3	der mittlere, in der Mitte stehend
tabula, ae, f.	Brett, Tafel, Gemälde

Exercitia latina

1. Deklinieren Sie die Verbindungen. Übersetzen Sie jeweils den Nom. Sgl. ins Deutsche.

clamor tolerandus - opinio neglegenda - crimen agnoscendum - res intellegenda - manus tenenda

2. Übersetzen Sie die Sätze ins Deutsche.

Tempus libros legendi est. - Tempus librorum legendorum est. - Tempus mihi legenti libros est. - A legendo libros delector. - A legendis libris delector. - Discipuli magistro docendi sunt. - Discipuli magistrum docentem diligunt. - Adulescens spem virginis inveniendae habet. - Adulescentes virginem non invenientes spem habent. - Adulescens spem inveniendi virginem habet.

3. Kreuzen Sie die jeweils richtige Lösung an. Addieren Sie die in Klammern stehenden Zahlen und Sie erhalten das Todesjahr von Augustinus.

iam	(14) auch	(28) schon	(31) noch
sed	(35) aber	(15) doch	(41) denn
per	(47) durch	(52) vor, für	(13) mit
pro	(48) mit	(44) durch	(64) vor, für
qui	(43) welcher	(16) dieser	(39) jener
ita	(36) dann	(46) auch	(51) so
tum	(65) mit	(64) damals	(66) danach
hic	(57) dieser	(27) jener	(36) er selbst
aut	(24) aber	(41) oder	(17) und

4. Bilden Sie eine Wörterschlange. Übersetzen Sie die lateinischen Vokabeln ins Deutsche. Dabei müssen der Endbuchstabe des vorausgehenden Wortes und der Anfangsbuchstabe des folgenden Wortes gleich sein.

origo - forma - mors - servire - necessarius - avaritia - rhetor

5. Finden Sie in jeder Reihe einen Irrläufer. Begründen Sie Ihre Entscheidung.

a) pastor - nominor - clamor - terror

b) origo - colligo - punio - neglego

c) incertus - catholicus - ludus - mirificus

d) humanus - ingens - turpis - ubique

e) avaritia - monstra - materia - forma

6. Übersetzen Sie die Formen ins Deutche.

volumus - volebant - volunt - voluisti - vult - voluerat - volet - vis - nolebas - non vult - nolite - noluerunt - nolueramus - non vultis - nolumus - nolo

7. Übersetzen Sie die Formen ins Lateinische.

ich wollte - sie werden wollen - ihr wollt - wir haben gewollt - ich will - du willst nicht - wir werden nicht wollen - ich habe nicht gewollt - sie wollten nicht - wolle nicht - er hatte nicht gewollt

8. Erklären Sie kurz die grammatikalischen Begriffe und Abkürzungen.

Ablabs - Superlativ - AcI - Gerundium - Imperativ - Plusquamperfekt - PPA - Vokativ - Gerundivum - Deponens - PPP - Positiv - Konjunktiv

Repetitio quinta

1. Finden Sie die jeweils richtige Lösung. Die in Klammern stehenden Lösungsbuchstaben ergeben von oben nach unten gelesen einen lateinischen Satz. Übersetzen Sie diesen ins Deutsche.

1) disputaremus:

1. Pl. Konj. Imperf. Akt. (E) - 1. Pl. Konj. Präs. Akt. (S) - 1. Pl. Konj. Imperf. Pass. (M)

2) petitus sit:

3. Pl. Konj. Imperf. Pass. (A) - 3. Sgl. Konj. Plus. Pass. (O) - 3. Sgl. Konj. Perf. Pass. (X)

3) neglexi:

PPA, Dat. Sgl. m. / f. / n. (P) - 1. Sgl. Ind. Perf. Akt. (A) - Inf. Präs. Pass.(N)

4) ametur:

3. Sgl. Konj. Präs. Pass. (U) - 3. Sgl. Konj. Imperf. Pass. (I) - 3. Sgl. Ind. Fut. Akt. (E)

5) usus est:

3. Sgl. Ind. Präs. Pass. (G) - 3. Sgl. Konj. Perf. Pass. (R) - 3. Sgl. Ind. Perf. Pass. (D)

6) lusissent:

3. Pl. Konj. Präs. Pass. (U) - 3. Pl. Konj. Plus. Akt. (I) - 3. Pl. Konj. Perf. Akt. (O)

7) adveniat:

3. Sgl. Ind. Präs. Akt. (F) - 3. Pl. Konj. Präs. Akt. (L) - 3. Sgl. Konj. Präs. Akt. (M)

8) tetigeramus:

1. Pl. Ind. Plus. Akt. (E) - 1. Pl. Ind. Perf. Akt. (U) - 1. Pl. Ind. Imperf. Akt. (O)

2. Wandeln Sie die Indikative in die entsprechenden Konjunktive.

tribuit -	cogebam -
neglegebamini -	monstrantur -
tractas -	superatus est -
puniti erant -	curaveram -
sumimur -	dormiunt -

3. Übersetzen Sie die konjunktivischen Sätze. Achten Sie dabei auf die jeweilige Konjunktiv-Funktion.

1) Videamus, domine, caelos, opera digitorum tuorum.

2) Laudant te opera tua, ut amemus te, et amamus te, ut laudent te opera tua.

3) Cum invocarem, exaudivit me deus iustitiae meae.

4) Quis est, qui doceat me?

5) Quas tibi, deus meus, voces dedi, cum legerem psalmos.

6) Sed ubi quaeretur? Quando quaeretur?

7) Non novi, domine, non novi alia tam casta eloquia, quae sic mihi persuaderent[1]. Intellegam ea, pater bone.

8) Immo[2] quaeramus diligentius et non desperemus.

9) Deputentur[3] tempora, distribuantur[4] horae pro salute animae.

10) Ubi ergo te inveni, ut discerem te?

1: persuadeo 2 + Dat.: jmd. überzeugen * 2: immo: ja * 3 deputo 1: bestimmen * 4: distribuo 3: einteilen

4. Bilden Sie die Formenketten für die Verben velle *und* posse.

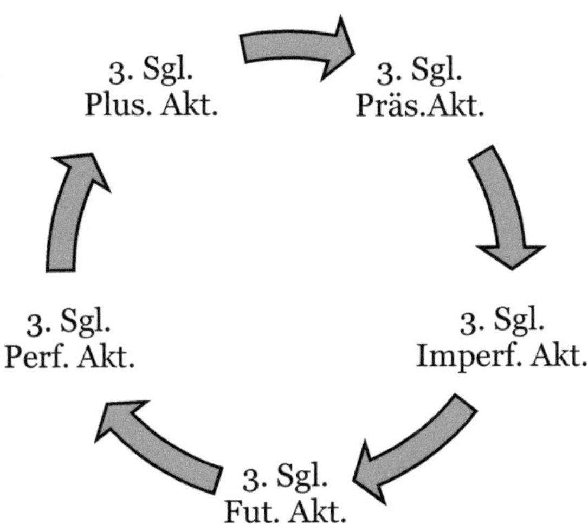

5. Gerundium oder Gerundivum? Übersetzen Sie die Sätze ins Deutsche.

1) De mea vero temporali vita nutabant[1] omnia et mundandum erat cor a fermento[2] veteri.
2) Nihil ad agendam vitam certi[3] comprehendi[4] potest?
3) Non enim tempus quaerendi nunc est, sed confitendi tibi.
4) Inde ad imbuendas[5] infideles gentes sacramenta et miracula visibilia produxisti[6].
5) Inhorrui timendo ibidemque inferbui[7] sperando et exultando[8] in tua misericordia, pater.
6) Sic enim non tantum ad audiendum sed etiam ad faciendum audiunt: Quaerite deum, et vivet anima vestra.
7) Id ipsum enim maxime credendum erat.
8) Et adhuc ascendebamus[9] interius cogitando et loquendo et mirando opera tua.
9) Omnipotens et bonus es ad facienda omnia bona, magnum caelum et parvam terram.

1: nuto 1: schwanken, unzuverlässig sein * 2: fermentum, i, n.: Wut * 3: *certi bezieht sich auf nihil* * 4: comprehendo 3: zusammenfassen, erwähnen * 5: imbuo 3: vertraut machen, einweihen * 6: produco 3: hervorbringen * 7: infervesco 3 (inferbui): glühen, brennen * 8: exulto 1 in + Abl.: jubeln wegen * 9: ascendo 3: gelangen, kommen

6. Setzen Sie jeweils das Substantiv in KNG-Kongruenz zum entsprechenden Adjektiv. Beachten Sie, dass es auch mehrere Möglichkeiten geben kann. Übersetzen Sie die entstandenen Verbindungen ins Deutsche.

beati .... (pastor) - ingentes .... (flamma) - difficili .... (consilium) - certa .... (mors) - tristem .... (epistula) - longae .... (aestas) - primo .... (crimen) – communis .... (ludus) - humanos .... (iudex)

7. Ordnen Sie die Wörter in die Tabelle ein.

ut - salus - vanus - primo - primus - decus - nisi - turpis - bene - materia - ne - inanis - ubique - vesper - contra - si - paene - mos - fortasse

Adjektiv	Substantiv	Präposition	Adverb	Subjunktion

8. Übersetzen Sie die deutschen Wörter ins Lateinische.

1. Schmuck, Ruhm - 2. leer, frei - 3. menschlich, gebildet - 4. Fehler, Schwäche - 5. bewundernswert, wunderbar - 6. allgemein, rechtgläubig - 7. notwendig

<table>
<tr><td></td><td></td><td></td><td></td><td></td><td></td><td>1</td><td>e</td><td></td><td>u</td><td>s</td></tr>
<tr><td></td><td></td><td></td><td></td><td></td><td>2</td><td>a</td><td></td><td></td><td>u</td><td>s</td></tr>
<tr><td></td><td></td><td></td><td></td><td>3</td><td>u</td><td></td><td></td><td></td><td>u</td><td>s</td></tr>
<tr><td></td><td></td><td></td><td>4</td><td>e</td><td></td><td></td><td></td><td></td><td>u</td><td>s</td></tr>
<tr><td></td><td></td><td>5</td><td>i</td><td></td><td></td><td></td><td></td><td></td><td>u</td><td>s</td></tr>
<tr><td></td><td>6</td><td>a</td><td></td><td></td><td></td><td></td><td></td><td></td><td>u</td><td>s</td></tr>
<tr><td>7</td><td>e</td><td></td><td></td><td></td><td></td><td></td><td></td><td></td><td>u</td><td>s</td></tr>
</table>

9. Finden Sie in jeder Reihe einen Irrläufer. Begründen Sie Ihre Entscheidung.

a) corpus - episcopus - salus - decus

b) ars - virgo - necessitas - grex

c) status - mors - decus - mos

d) crimen - exilium - defectus - pectus

10. Ordnen Sie den lateinischen Wörtern die jeweils passende Übersetzung zu.

A sine	**1** du bist
B ab	**2** von
C eo	**3** mit
D nos	**4** und nicht, auch nicht
E diu	**5** sich
F cum	**6** daher, deshalb
G es	**7** dass, damit
H te	**8** aus ... heraus
I vos	**9** wir, uns
J neque	**10** lange
K iam	**11** wie
L duo	**12** oder
M ex	**13** durch
N si	**14** ohne
O ut	**15** ihr, euch
P per	**16** wenn, falls
Q quam	**17** dich
R se	**18** schon, jetzt, gleich
S itaque	**19** Stimme, Laut
T aut	**20** ich gehe
U vox	**21** zwei

11. Übersetzen Sie ins Deutsche.

1. Vater unser

Pater noster, qui es in caelis,

sanctificetur nomen tuum,

adveniat regnum tuum,

fiat voluntas tua

sicut in caelo et in terra.

Panem nostrum supersubstantialem[1] da nobis hodie;

et dimitte nobis debita nostra,

sicut et nos dimittimus debitoribus nostris;

et ne inducas nos in tentationem,

sed libera nos a malo.

2. Zeit

Omnia tempus habent et suis spatiis transeunt universa sub caelo:

tempus nascendi et tempus moriendi,

tempus plantandi[2] et tempus evellendi, quod plantatum[2] est,

tempus occidendi et tempus sanandi,

tempus destruendi et tempus aedificandi,

1: supersubstantialis, e: über das Wesen hinausgehend; für den Tag notwendig, täglich
* 2: planto 1: pflanzen

tempus flendi et tempus ridendi,

tempus plangendi et tempus saltandi,

tempus spargendi lapides et tempus colligendi,

tempus amplexandi et tempus longe fieri[1] a complexibus[2],

tempus adquirendi et tempus perdendi,

tempus custodiendi et tempus abiciendi,

tempus scindendi et tempus consuendi[3],

tempus tacendi et tempus loquendi,

tempus dilectionis et tempus odii,

tempus belli et tempus pacis.

3. Zwiespalt

Contendunt[4] laetitiae meae flendae cum laetandi[5] maeroribus[6]; et ex qua parte stet[7] victoria, nescio. Contendunt[4] maerores[6] mei mali cum gaudiis bonis, et ex qua parte stet[7] victoria, nescio. Ei[8] mihi! domine, miserere mei! Ei[8] mihi! ecce vulnera mea non abscondo. Medicus es, aeger sum; misericors es, miser sum.

1: longe fieri: fern sein * 2: complexus, us, m.: Umarmung * 3: consuo 3: zusammennähen * 4: contendo 3: streiten * 5: laeto 1: mit Freude erfüllen * 6: maeror, ris, m.: Betrübnis, Kummer * 7: sto 1 ex + Abl.: hervorgehen aus etw. * 8: ei: wehe

Litterae

1. Kirchenasyl

Augustinus berichtet über den Mailänder Bischof Ambrosius, der gegen die Arianer, die eine christliche Irrlehre vertraten, vorging. Zu dieser Zeit herrschte der noch sehr junge Kaiser Valentinianus II. Weil dessen Mutter Iustina eine Anhängerin der Arianer war, ließ sie Ambrosius verfolgen. Dieser jedoch wurde von seiner Gemeinde und vor allem von der Mutter des Augustinus unterstützt.

Nimirum unus annus erat aut non multo amplius[1], cum Iustina[2], Valentiniani[3] regis pueri[4] mater, hominem tuum Ambrosium[5] persequeretur haeresis[6] suae causa, qua fuerat seducta[7] ab Arrianis[8]. Excubabat[9] pia plebs in ecclesia, mori parata cum episcopo suo, servo tuo. Ibi mea mater, ancilla tua, vigiliarum primas tenens orationibus vivebat. Nos[10] adhuc[11] frigidi[12] a calore spiritus tui excitabamur[10] tamen civitate attonita atque turbata. Tunc hymni et psalmi ut canerentur secundum morem orientalium partium[13], ne populus maeroris taedio contabesceret, institutum est[14]; ex illo die in hodiernum retentum est[15] multis iam ac paene omnibus gregibus tuis et per cetera orbis[16] imitantibus.

1: multo amplius: viel länger her * 2: Iustina, ae, f.: Iustina *(Mutter des Kaisers)* * 3: Valentinianus, i, m.: Valentinianus *(Kaiser)* * 4: rex puer, regis pueris, m.: jugendlicher Kaiser * 5: Ambrosius, i, m.: Ambrosius *(Bischof von Mailand)* * 6: haeresis, is, f.: Lehre, Sekte * 7: fuerat seducta = seducta erat; seduco 3: verführen * 8: Arrianus 3: Arrianer *(Anhänger einer christlichen Irrlehre)* * 9: excubo 1: Wache halten * 10: *gemeint ist Augustinus* * 11: adhuc: noch * 12: frigidus 3: uninteressiert * 13: pars, partis, f.: Landesteil, Gebiet * 14: *konstruiere: tunc institutum est, ut hymni et psalmi canerentur ...* * 15: retineo 2: festhalten, bewahren * 16: et per cetera orbis: auch in dem übrigen Erdkreis

2. Mailand

Augustinus hatte die in Mailand ausgeschriebene Stelle eines Rhetoriklehrers erhalten. Dort lernte er Ambrosius, den Bischof von Mailand, kennen, der ihn vorerst nicht theologisch, sondern rhetorisch beeindruckte.

Itaque posteaquam[1] postulatum missum est a Mediolanio[2] Romam[3] ad praefectum urbis[4], ut illi civitati rhetoricae magister provideretur[5]. Impertita[6] etiam evectione[7] publica, ego ipse ambivi[8]. Et veni Mediolanium[2] ad Ambrosium[9] episcopum, in[10] optimis notum orbi terrae, pium cultorem tuum, cuius tunc eloquia strenue[11] ministrabant ... populo[12] tuo. Ad eum autem ducebar abs te nesciens, ut per eum ad te sciens ducerer. Suscepit me paterne ille homo dei et peregrinationem meam satis episcopaliter dilexit. Et eum amare coepi, primo quidem non tamquam doctorem veri[13], quod in ecclesia tua prorsus[14] desperabam, sed tamquam hominem benignum in me. Et studiose audiebam disputantem[15] in populo[12]. Verbis eius suspendebar[16] intentus, rerum[17] autem incuriosus et contemptor adstabam. Et delectabar suavitate sermonis:

1: posteaquam: später * 2: Mediolanum, i, n.: Mailand * 3: Roma, ae, f.: Rom * 4: praefectus, i, m. urbis: Stadtpräfekt * 5: provideo 2: besorgen * 6: impertio 4: gewähren * 7: evectio, nis, f.: Reiseerlaubnis * 8: ambio 4: sich (um ein Amt) bewerben * 9: Ambrosius, i, m.: Ambrosius * 10: in + Abl.: unter * 11: strenuus 3: wirksam * 12: *gemeint sind die Gläubigen* * 13: veri = veritatis * 14: prorsus: ganz und gar, durchaus * 15: disputo 1: erörtern, predigen * 16: suspendo 3: hoch-, erheben; (fest)halten * 17: res, rei, f.: Inhalt

3. Eine unmoralische Jugend

Rückblickend gesteht Augustinus, dass er als junger Mann ein eher anstößiges Leben geführt hatte. Es ging ihm damals nicht um wirkliche Liebe, sondern nur um das Ausleben seiner Bedürfnisse und Leidenschaften.

Et quid erat, quod me delectabat, nisi amare et amari? Sed non tenebatur[1] modus amandi ab animo usque ad animum, quatenus[2] est luminosus limes[3] amicitiae, sed exhalabantur[4] nebulae de limosa[5] concupiscentia[6] carnis et scatebra[7] pubertatis[8], et obnubilabant[9] atque obfuscabant[10] cor meum, ut non discerneretur[11] serenitas dilectionis[12] a caligine[13] libidinis. Utrumque in confuso aestuabat[14] et rapiebat inbecillam[15] aetatem per abrupta[16] cupiditatum atque mersabat[17] gurgite[18] flagitiorum. Invaluerat super me ira tua, et nesciebam. Obsurdueram stridore[19] catenae mortalitatis meae, poena superbiae animae meae; et ibam longius a te et sinebas, et iactabar et effundebar[20] et diffluebam[21] et ebulliebam per fornicationes meas, et tacebas. O tardum gaudium meum! Tacebas tunc, et ego ibam porro longe[22] a te.

1: teneor 2: herrschen, bestehen * 2: quatenus: wie * 3: limes, mitis, m.: Pfad * 4: exhalo 1: ausdünsten * 5: limosus 3: schlammig * 6: concupiscientia, ae, f.: lustvolles Begehren * 7: scatebra, ae, f.: sprudelnder Quell * 8: pubertas, atis, f.: sich regende Mannbarkeit * 9: obnubilo 1: umwölken * 10: obfusco 1: umdüstern * 11: discernor 3: sich unterscheiden * 12: serenitas, atis, f. dilectionis: heller Glanz der Liebe * 13: caligo, ginis, f.: Finsternis * 14: in confuso aestuo 1: wild durcheinander wogen * 15: inbecillus 3: wehrlos, schwach * 16: abrupta, orum, n.: Abgrund * 17: merso 1: versenken * 18: gurges, gitis, m.: Strudel * 19: stridor, ris, m.: Klang * 20: effundor 3: sich gehen lassen * 21: diffluo 3: verkommen * 22: porro longe: weiter weg

4. Was liebe ich, wenn ich Gott liebe?

Diese Frage versucht Augustinus im folgenden Text zu beantworten.

Non dubia, sed certa conscientia[1], domine, amo te. Percussisti cor meum verbo tuo, et amavi te. Sed et caelum et terra et omnia, quae in eis sunt, ecce, undique mihi dicunt, ut te amem. Quid autem amo, cum te amo? Non speciem corporis nec decus temporis, non candorem lucis, non dulces melodias cantilenarum omnimodarum, non florum et unguentorum et aromatum suam[2] violentiam[3], non manna et mella, non membra acceptabilia carnis amplexibus[4]. Non haec amo, cum amo deum meum. Et tamen amo quandam lucem et quandam vocem et quendam odorem et quendam cibum et quendam amplexum, cum amo deum meum, lucem, vocem, odorem, cibum, amplexum interioris hominis mei amo, ubi fulget[5] animae meae, quod non capit locus, et ubi sonat, quod non rapit tempus, et ubi olet, quod non spargit[6] flatus[7], et ubi sapit[8], quod non minuit edacitas, et ubi haeret[9], quod non divellit satietas[10]. Hoc est, quod amo, cum deum meum amo.

1: conscientia, ae, f.: Gefühl, Überzeugung * 2: *suam kann in der Übersetzung entfallen* * 3: violentia, ae, f.: Kraft * 4: membra acceptabilia carnis amplexibus: umarmenswerte Körperglieder * 5: fulgeo 2 + Dat.: strahlen auf * 6: spargo 3: verbreiten * 7: flatus, us, m.: Hauch, Wind * 8: sapio 3: schmecken * 9: haereo 2: (hängen-) bleiben, festsitzen * 10: satietas, atis, f.: Überfluss

5. Wechsel des Studienortes

Seine rhetorische Ausbildung begann Augustinus in Madaura. Dem Vater lag viel an der Ausbildung seines Sohnes. Deshalb brachte genügend Geld auf, damit dieser in der Großstadt Karthago sein Studium fortsetzen konnte. Für diesen Einsatz und finanziellen Aufwand lobte Augustinus seinen Vater.

Et anno quidem illo intermissa erant[1] studia mea, dum[2] mihi reducto a Madauris[3], longinquioris apud[4] Carthaginem[5] peregrinationis[6] sumptus a patre praeparabantur[7]. Cui narro haec? Neque enim tibi, deus meus, sed apud[8] te narro haec generi[9] meo, generi[9] humano, quantulacumque ex particula[10] incidere[11] potest in istas meas litteras. Quis enim non extollebat[12] laudibus tunc hominem, patrem meum, quod ultra[13] vires rei familiaris[14] suae impenderet[15] filio? Multorum enim civium longe opulentiorum[16] nullum tale negotium[17] pro liberis erat.

1: intermitto 3: unterbrechen * 2: dum: während * 3: Madaurae, arum, f.: Madaura * 4: apud + Akk.: in * 5: Carthago, inis, f.: Karthago * 6: peregrinatio, onis, f.: Studienaufenthalt * 7: praeparo 1: bezahlen * 8: apud + Akk.: vor * 9: genus, generis, n.: Geschlecht * 10: quantulacumque ex particula: eine wie geringe Menge an Lesern auch immer * 11: incido 3 in + Akk.: stoßen auf * 12: extollo 3: rühmen, preisen * 13: ultra: ferner * 14: vires rei familiaris: Vermögen * 15: impendo 3: ausgeben * 16: *konstruiere: multorum enim longe opulentiorum civium* * 17: negotium, i, n.: Mühe

6. Tag und Nacht

Augustinus überliefert ein von Ambrosius, dem Bischof von Mailand, verfasstes Gebet.

Tu es enim,
deus, creator omnium
polique[1] rector vestiens
diem decoro lumine,
noctem sopora gratia,
artus[2] solutos ut quies
reddat laboris usui[3]
mentesque[4] fessas allevet
luctuque solvat anxios.

1: polus, i, m.: Himmel * 2: artus, us, m.: Gelenk, Glied * 3: *konstruiere:* ut quies artus solutos usui laboris reddat mentesque fessas allevet luctuque anxios solvat. * 4: mens, mentis, f.: Seele, Geist

Lösungen zu den Repetitiones

Bei den Lösungen werden mehrere grammatikalische Varianten angegeben, nicht jedoch alle Vokabelmöglichkeiten.

Repetitio prima

1.

matri: Dat. Sgl. f., 3. Dekl., mater, der Mutter - loci: Gen. Sgl. / Nom. Pl. m., o-Dekl., des Ortes, die Orte - legibus: Dat. / Abl. Pl. f., 3. Dekl., den Gesetzen, durch die Gesetze - amica: Nom. / Abl. Sgl. f., a-Dekl., die Freundin, mit der Freundin - regna: Nom. / Akk. Pl. n., o-Dekl., die (Königs-)Herrschaften - nomina: Nom. / Akk. Pl. n., 3. Dekl., die Namen - officium: Nom. / Akk. Sgl. n., o-Dekl., die Pflicht - panis: Nom. / Gen. Sgl. m., 3. Dekl., das Brot, des Brotes - modos: Akk. Pl. m., o-Dekl., die Arten - mundi: Gen. Sgl. / Nom. Pl. m., o-Dekl., der Welt, die Welten - memoriis: Dat. / Abl. Pl. f., a-Dekl., den Erinnerungen, in den Erinnerungen - agro: Dat. / Abl. Sgl. m., o-Dekl., dem Feld, auf dem Feld - sortis: Gen. Sgl. f., 3. Dekl., des Loses - caro: Nom. Sgl. f., 3. Dekl., das Fleisch

2.

amicas pulchras: die schönen Freundinnen - panis noster: unser Brot - nomen tuum: dein Name - signa bona: gute Zeichen - legibus variis: mit den / in den / durch die verschiedenartigen Gesetze -patri meo: meinem Vater - hominum ignotorum: der unbekannten Menschen - magistri magni: des bedeutenden Lehrers / die bedeutenden Lehrer

3.

ambulas - ambulabas - ambulabis; tangimus - tangebamus - tangemus; est - erat - erit; habent - habebant - habebunt; exauditis - exaudiebatis - exaudietis; capio - capiebam - capiam

4.

a: do, invoco, amo - e: gaudeo, video, habeo - i: invenio, exaudio - 3. Dekl.: ago, relinquo, dico - kurz-i: facio

5.

videt: er / sie / es sieht - exaudi: erhöre - quaerebant: sie suchten - estis: ihr seid - do: ich gebe - facere: machen - dimittebatis: ihr vergabt - vadam: ich werde gehen - ora: bete - dices: du wirst sagen - tollis: du hebst auf - dicebat: er / sie /es sagte - eramus: wir waren - gaudetis: ihr freut euch - probate: prüft - invocabit: er / sie /es wird anrufen - surgemus: wir werden aufstehen - tegebant: sie bedeckten - studemus: wir bemühen uns

6.

amore: Liebe (lat.: amor) - uomo: Mann (lat.: homo) - cuore: Herz (lat.: cor) - padre: Vater (lat.: pater) - sole: Sonne (lat.: sol) - madre: Mutter (lat.: mater) - pane: Brot (lat.: panis) - carne: Fleisch (lat.: caro) - stella: Stern (lat.: stella) - luna: Mond (lat.: luna) - nome: Name (lat.: nomen) - dare: geben (lat.: dare) - tesoro: Schatz (lat.: thesaurus)

7.

Waagerecht: 1: Mutter - 4: immer - 6: Wort - 7: an - 9: ist - 10: entdecken - 11: Himmel - 13: Seele - 14: erhören - 17: gut - 19: Herz - 20: Schüler - 22: Freude - 24: groß - 25: sehen

Senkrecht: 1: Meister - 2: uns - 3: Römer - 5: machen - 8: anvertrauen - 12: Ehre - 15: nicht - 16: suchen - 18: über - 19: Herr - 21: heute

8.

Lokal: locus, i, m.: Ort - partizipieren: pars, partis, f.: Teil; capere capio 3: nehmen, ergreifen - Solarium: sol, solis, m.: Sonne - signalisieren: signum, i, n.: Zeichen - Prinzip: principium, i, n.: Ursprung - zensieren: censere censeo 2: (ein)schätzen - Amateur: amare amo 1: lieben - Bonität: bonus 3: gut - agil: agere ago 3: handeln - Division: dividere divido 3: teilen - sortieren: sors, sortis, f.: Los

9.

Substantiv:

thesauri: des Schatzes / die Schätze - soli: der Sonne - copiarum: der Mengen - stellam: den Stern - dominorum: der Herren

Adjektiv:

bonis: den Guten / mit den Guten - vivus: der Lebendige / lebendig - magnos: die Großen - integro: dem / durch den Unversehrten // das / durch das Unversehrte

Pronomen:

ego: ich - meus: mein - nostros: unsere - vos: ihr / euch

Verb:

vado: ich gehe - da: gib - alere: ernähren - surgere: aufstehen

Präposition:

ante: vor - inter: zwischen - in: in, an, auf

10.

Prädikat: Satzaussage - Futur: Zeitform der Zukunft - Objekt: Satzergänzung (meist im Dat. und / oder Akkusativ) - Kasus: Fall - Imperfekt:

Zeitform der Vergangenheit - Numerus: Anzahl (Singular, Plural) - Präsens: Zeitform der Gegenwart - Genus: Geschlecht (maskulin, feminin, neutrum) - Subjekt: Handlungsträger - adverbiale Bestimmung: Umstandsbestimmung

11.

Ich bin der gute Hirte. Der gute Hirte gibt seine Seele für die Schafe. Der Tagelöhner, der nicht ein Hirte ist, sieht den Wolf und entlässt die Schafe und flieht; und der Wolf raubt und zerstreut die Schafe.

Ich bin der gute Hirte und ich erkenne meine Schafe und meine Schafe erkennen mich, wie der Vater mich erkannt hat; und ich erkenne den Vater; und meine Seele gebe ich für die Schafe.

Repetitio secunda

1.

firma fides - firmae fidei - firmae fidei - firmam fidem - firma fide
firmae fides - firmarum fiderum - firmis fidebus - firmas fides - firmis fidebus

imperfectum opus - imperfecti operis - imperfecto operi - imperfectum opus - imperfecto opere - imperfecta opera - imperfectorum
operum - imperfectis operibus - imperfecta opera - imperfectis operibus

nobilis doctor - nobilis doctoris - nobili doctori - nobilem doctorem - nobile doctore - nobiles doctores - nobilium doctorum - nobilibus doctoribus - nobiles doctores - nobilibus doctoribus

2.

custodes: Nom. / Akk. Pl. m. - munus: Nom. / Akk. Sgl. n. - tenebras: Akk. Pl. f. - oculi: Gen. Sgl. / Nom. Pl. m. - rebus: Dat. / Abl. Pl. f. - amorem: Akk. Sgl. m. - amicis: Dat. / Abl. Pl. m. / f. - pax: Nom. Sgl. f. - tempora: Nom. / Akk. Pl. n. - imaginis: Gen. Sgl. f. - arbori: Dat. Sgl. f. - parentum: Gen. Pl. m. - creaturae: Gen. Sgl. / Dat. Sgl. / Nom. Pl. f. - die: Abl. Sgl. m. - puero: Dat. / Abl. Sgl. m.

3.

a-Deklination: tenebrae, terra, schola
e-Deklination: spes, res, dies, fides
3. Deklination: liber, pes, tempus, honor, parentes
o-Deklination: donum, puer, amicus

4.

interfuistis: 2. Pl. Perf. Akt., ihr habt teilgenommen - faciebatur: 3. Sgl. Imperf. Pass., es wurde gemacht - vendideram: 1. Sgl. Plus. Akt., ich hatte verkauft - probabas: 2. Sgl. Imperf. Akt., du prüftest - novi: 1. Sgl. Perf. Akt., ich habe kennengelernt / ich kenne - rexisse: Inf. Perf. Akt., gelenkt haben - movebam: 1. Sgl. Imperf. Akt., ich bewegte - amavit: 3. Sgl. Perf. Akt., er hat geliebt - accipiebaris: 2. Sgl. Imperf. Pass., du wurdest angenommen - egerant: 3. Pl. Plus. Akt., sie hatten getrieben - confecisti: 2. Sgl. Perf. Akt., du hast ausgeführt - sentiebat: 3. Sgl. Imperf. Akt., er fühlte - amittebamur: 1. Pl. Imperf. Pass., wir wurden losgelassen - credidimus: 1. Pl. Perf. Akt., wir haben geglaubt - lusi: 1. Sgl. Perf. Akt., ich habe gespielt - colebantur: 3. Pl. Imperf. Pass., sie wurden gepflegt - venerunt: 3. Pl. Perf. Akt., sie sind gekommen - loquebaris: 2. Sgl. Imperf. Pass., du redetest

5.

1. Sgl. Präs. Akt.: numero, moveo, pono
3. Pl. Fut. Pass.: numerabuntur, movebuntur, ponentur
3. Pl. Perf. Akt.: numeraverunt, moverunt, posuerunt
3. Sgl. Imperf. Pass.: numerabatur, movebatur, ponebatur
2. Pl. Fut. Pass.: numerabimini, movebimini, ponemini
2. Sgl. Plus. Akt.: numeraveras, moveras, posueras
3. Pl. Präs. Pass.: numerantur, moventur, ponuntur
1. Sgl. Imperf. Akt.: numerabam, movebam, ponebam

6.

nuovo: neu - amore: die Liebe - famiglia: die Familie - notte: die Nacht - dolce: süß - tempo: die Zeit - occhio: das Auge - scrivere: schreiben - luce: das Licht - ospite: der Gast - pace: der Frieden - con te: mit dir - scuola: die Schule - santo: heilig

7.

non: nicht - nox: Nacht - et: und, auch - es: du bist - ad: zu, an, bei - ab: von - me: mich - se: sich - ubi: wo - ibi: dort - vir: Mann - via: Weg - pes: Fuß - res: Ding, Sache, Angelegenheit - sum: ich bin - cum: mit - te: dich - me: mich - vos: ihr, euch - nos: wir, uns

8.

Es ist gut, dass du in die Stadt <u>kommst</u>. richtig: Es ist gut, dass du in die Stadt gekommen bist.

Wir sehen, dass <u>ein junger Mensch</u> immer wächst. richtig: Wir sehen, dass junge Menschen immer wachsen.

Wir haben gehört, dass <u>die Schüler ihren Lehrer</u> gerufen haben. richtig: Wir haben gehört, dass der Lehrer seine Schüler gerufen hat.

Viele Männer hielten sich für sehr stark. richtig: Viele Männer halten sich für sehr stark. alternativ: Viele Männer glauben, dass sie sehr stark sind.
Die Eltern wünschen, dass die Lehrer die Söhne stärken. richtig: Die Eltern wünschen, dass die Söhne von den Lehrern gestärkt werden.

9.

GRATIAS TIBI DOMINE VIDEMVS CAELVM ET TERRAM
Dank dir, Herr, wir sehen Himmel und Erde

10.

Mater mecum in paradiso ambulat. - (In) urbe te videmus. - Parentes multa verba tibi dicebant. - Omnes libri mihi sunt.

11.

1.

Deshalb hat der Mensch, den du zu deinem Bild gemacht hast, nicht angenommen die Macht über das Licht / die Lichter des Himmels, weder über den verborgenen Himmel noch über den Tag und die Nacht und auch nicht über die Ansammlung des Wassers / der Gewässer, welches das Meer ist, sondern er hat angenommen die Macht über die Fische des Meeres und über die Vögel des Himmels und über das ganze Vieh und über die ganze Erde und über alle Kriechtiere, die über die Erde kriechen.

2.

Ehre in den Höhen dem Gott und auf der Erde Frieden für die Menschen / den Menschen des guten Willens. Wir loben dich, wir rühmen dich, wir beten dich an, wir preisen dich, wir danken dir wegen deiner großen Ehre, Herr, Gott, himmlischer König, Gott, allmächtiger Vater. Herr, einziggeborener Sohn, Jesus Christus, Herr, Gott, Lamm Gottes, Sohn des Vaters, der du aufhebst die Sünden der Welt, erbarme dich unser, der du aufhebst die Sünden der Welt, nimm unsere Bitte auf, der du sitzst zur Rechten des Vaters, erbarme dich unser. Weil du allein heilig, du allein der Herr, du allein der Höchste, Jesus, Christus, mit dem Heiligen Geist in der Ehre Gottes, des Vaters [bist]. Amen

Repetitio tertia

1.

a) in: Präposition, keine Form von ire; b) ii: Perfekt, kein Präsens; c) ibi: Adverb, keine Form von ire; d) feror: Passiv, kein Aktiv; e) fert: 3. Sgl., keine 1. Sgl.; f) fuistis: Form von esse, nicht von ire

2.
menschlicher Körper: oculus, caro, pes, caput, cor, manus, facies
Studium: codex, doctrina, littera, sermo, legere, liber, studere, doctor
Augustinus-Zitat: gratias tibi deus noster

3.

frangere	frango	~~franxi~~ fregi	~~franctum~~ fractum	(zer)bre-chen
auferre	aufero	~~abtuli~~ abstuli	ablatum	wegtragen, - bringen
gerere	~~gereo~~ gero	gessi	gestum	tragen, ausführen
imponere	impono	~~imponui~~ imposui	~~imponitum~~ impositum	(hin)ein-setzen

4.
casus gravis: casus gravis - casui gravi - casum gravem - casu gravi - casus graves - casuum gravium - casibus gravibus - casus graves - casibus gravibus
apostolus potens: apostoli potentis - apostolo potenti - apostolum potentem - apostolo potenti - apostoli potentes - apostolorum potentium - apostolis potentibus - apostolos potentes - apostolis potentibus
opera laudabilis: operae laudabilis - operae laudabili - operam laudabilem - opera laudabili - operae laudabiles - operarum laudabilium - operis laudabilibus - operas laudabiles - operis laudabilibus
natio impia: nationis impiae - nationi impiae - nationem impiam - natione impia - nationes impiae - nationum impiarum - nationibus impiis - nationes impias - nationibus impis
incola superbus: incolae superbi - incolae superbo - incolam superbum - incola superbo - incolae superbi - incolarum superborum - incolis superbis - incolas superbos - incolis superbis

5.
respondentibus praedicatoribus: den antwortenden Predigern (Dat. Pl.), mit / von den antwortenden Predigern (Abl. Pl.)
caesi homines: die getöteten Menschen
fractae cruci: dem zerbrochenen Kreuz
resistentem discipulum: den sich widersetzenden Schüler
manentia beneficia: bleibende Wohltaten

benedicto honore: von der gepriesenen Ehre / durch die gepriesene Ehre
recitantium filiarum: der vorlesenden Töchter

6.

kausal: weil, da - konditional: wenn, falls - temporal: nachdem, als, während - modal: wobei, indem - konzessiv: obgleich, obwohl

7.

Homines desiderium solis animam delectantis habent.
Die Menschen haben Sehnsucht nach der Sonne, die die Seele erfreut. / weil sie die Seele erfreut. / Die Menschen haben Sehnsucht nach der die Seele erfreuenden Sonne.
Pulchra imago a nobili homine scripta mihi valde placuit.
Das schöne Bild, welches von einem berühmten Menschen gemalt worden war, hat mir sehr gefallen. / Das schöne Bild, da / nachdem es von einem berühmten Menschen gemalt worden war, hat mir sehr gefallen. / Das schöne, von einem berühmten Menschen gemalte Bild hat mir sehr gefallen. / Das schöne Bild, das Gemälde eines berühmten Menschen, hat mir sehr gefallen. / Das schöne Bild war von einem berühmten Menschen gemalt worden und es hat mir sehr gefallen.
Amicus amicum in temporibus malis deserens miser est.
Ein Freund ist erbärmlich, wenn / weil / während er [seinen] Freund in schlechten Zeiten im Stich lässt. / Ein Freund, der einen Freund in schlechten Zeiten im Stich lässt, ist erbärmlich.
Homo opera a deo perfecta videt.
Der Mensch sieht die von Gott vollendeten Werke. / Der Mensch sieht die Werke, die von Gott vollendet worden sind /wurden. / Der Mensch sieht die Werke, weil / nachdem sie von Gott vollendet worden sind / wurden.
Pater filio civitatem relinquenti multas pecunias dabat.
Der Vater gab dem die Stadt verlassenden Sohn viel Geld. / Der Vater gab dem Sohn, der die Stadt verließ, viel Geld. / Der Vater gab dem Sohn, weil / obwohl / als / während er die Stadt verließ, viel Geld.
Ab inimicis captus vitam suam defendebat.
Der von den Feinden Ergriffene verteidigte sein Leben. / Der, der von den Feinden ergriffen worden war, verteidigte sein Leben. / Er war von den Feinden ergriffen worden und verteidigte sein Leben. / Da / Nachdem / Als er von den Feinden ergriffen worden war, verteidigte er sein Leben.

8.
weil - Lauf - Fall - leben - nicht wissen - noch nicht - Taufe - ewig - gottlos - Schrift - Tochter - rufen
9.
Pulchrum donum mihi dederat. - Exaudi nos! - Semper te amabo. - Magister vos laudavit. - Vade nobiscum in omnibus viis! - Amici portam vobis aperuerunt.
10.
responderunt: 3. Pl. Perf. Akt. - tradentur: 3. Pl. Fut. Pass. - imperatum est: 3. Sgl. Perf. Pass. - feram: 1. Sgl. Fut. Akt. - eduntur: 3. Pl. Präs. Pass. - gesseras: 2. Sgl. Plus. Akt. - sinet: 3. Sgl. Fut. Akt. - repperi: 1. Sgl. Perf. Akt. - promittebatur: 3. Sgl. Imperf. Pass. - fassa es: 2. Sgl. Perf. Pass. - committebam: 1. Sgl. Imperf. Akt. - laudati sumus: 1. Pl. Perf. Pass. - imposueramus: 1. Pl. Plus. Akt. - occiditur: 3. Sgl. Präs. Pass. - additi erant: 3. Pl. Plus. Pass. - recitabitis: 2. Pl. Fut. Akt. - mutas: 2. Sgl. Präs. Akt. - transibant: 3. Pl. Imperf. Akt. - aperietur: 3. Sgl. Fut. Pass.
11.
1. Ich glaube an Gott, den allmächtigen Vater, den Schöpfer des Himmels und der Erde. Und an Jesus Christus, seinen einzigen Sohn, unseren Herrn, der empfangen worden ist vom Heiligen Geist, geboren [worden ist] aus Maria, der Jungfrau, gelitten [hat] unter Pontius Pilatus, gekreuzigt [worden ist], gestorben [ist] und begraben [worden ist], er ist hinabgestiegen zu den Toten: Am dritten Tag ist er wiederauferstanden von den Toten; er ist hinaufgestiegen zu den Himmeln, er sitzt zur rechten [Seite / Hand] Gottes, des allmächtigen Vaters: Von da wird er kommen, um die Lebenden und die Toten zu richten.
Ich glaube an den Heiligen Geist, an die heilige rechtgläubige Kirche, an die Gemeinschaft der Heiligen, an die Vergebung der Sünden, an die Wiederauferstehung des Fleisches / Leibes [und] an das ewige Leben. Amen
2. Mache im Bekenntnis Fortschritte, mein Glaube; sage dem Herrn, deinem Gott: " [Du / Oh] Heiliger, Heiliger, Heiliger, Herr, mein Gott, in deinem / auf deinen Namen sind wir getauft worden, [du / oh] Vater und Sohn und Heiliger Geist, in deinem / auf deinen Namen taufen wir, [du / oh] Vater und Sohn und Heiliger Geist,", weil auch Gott bei uns in seinem Christus Himmel und Erde gemacht hat, die geistigen und irdischen / fleischlichen [Teile] deiner Gemeinde. Und vorher war unsere Erde unsichtbar und ungeordnet und wir wurden bedeckt durch

die Finsternis der Unwissenheit. Deine Barmherzigkeit hat unser Unglück nicht verlassen und du hast gesagt: "Licht soll werden, führt Buße [besser: tut Buße / büßt], denn das Himmelreich / das Reich der Himmel hat sich genähert." Führt Buße [besser: Tut Buße / Büßt], Licht soll werden. Und weil unsere Seele verwirrt worden war, haben wir uns an dich erinnert, Herr ... und unsere Finsternis hat uns missfallen, und wir haben uns zu dir gewendet / und wir sind zu dir gewendet worden, und Licht ist gemacht worden. Und, siehe, wir sind irgendwann Finsternis gewesen, nun aber Licht im Herrn.

Repetitio quarta

1.

victoriam: eam - hanc - illam - aliam - totam
triumphis: eis / iis - his - illis - aliis - totis
felicitati: ei - huic - illi - alii - toti
vulnus: id - hoc - illud - aliud - totum
vultu: eo - hoc - illo - alio - toto

2.

magnus: maior, maximus; bonus: melior, optimus; parvus: minor, minimus; malus: peior, pessimus

3.

secretissima urbs: die sehr entlegene Stadt; tutiore loco: an dem sicheren Ort; desperatus magister: der verzweifelte Lehrer; felicissimi coniuges: die glücklichsten Gatten; fortiori victori: dem stärkeren Sieger; clarius carmen: das berühmtere Lied; stabilioribus servis: den standhafteren Sklaven / mit den standhafteren Sklaven

4.

Verb: sum - ich bin; fio - ich werde, entstehe, werde gemacht; ago - ich treibe, tue, handel; alo - ich ernähre; do - ich gebe
Substantiv: ius - Recht; ira - Zorn; lux - Licht; res - Sache, Ding, Angelegenheit; lex - Gesetz
Präposition: pro - vor, für; cum - mit; a - von; ad - zu, an, bei; per - durch
Konjunktion: et - und, auch; quia - da, weil; cum - als, (jedesmal) wenn; aut - oder; enim - denn, nämlich
Pronomen: ille - jener; qui - der, welcher; nos - wir, uns; is - er, dieser; se - sich
Adverb: ibi - dort; semper - immer; tum - dann, damals; iam - schon; hodie - heute

5.

1H	O	F	F	2N	U	3N	G	4S	L	O	S	■	5L
6E	H	E	■	A	■	7U	R	T	E	I	L	■	A
F	■	8N	9I	C	H	T	■	A	■	10H	A	U	S
T	■	■	R	H	■	11Z	12O	R	N	■	13G	U	T
I	■	■	R	■	14W	E	R	K	Z	E	U	G	■
15G	16A	T	T	E	■	N	T	■	■	■	■	■	17G
■	18L	A	U	T	■	■	■	19S	C	H	U	20L	E
21A	L	L	M	Ä	H	L	I	C	H	■	■	O	H
■	E	■	■	■	■	■	■	■	■	22G	A	B	E
23S	I	E	G	E	R	■	24R	A	S	E	R	E	I
E	N	■	■	■	■	25S	O	R	G	E	■	N	M
E	■	■	■	■	26N	I	■	■	■	■	■	■	N
L	■	27G	L	E	I	C	H	■	■	28F	R	E	I
29E	H	R	E	■	E	H	■	30D	A	M	A	L	S

Land: Algerien

6.

a 3) Hominibus in ecclesia congregatis propheta intrat.
Nachdem / Weil die Menschen sich in der Gemeinde versammelt haben, / Nach der Versammlung der Menschen in der Gemeinde tritt der Prophet ein.

b 1) Operibus gravibus perfectis nos omnes domum venerunt.
Nachdem / Weil die schweren Arbeiten vollendet worden waren, / Nach Vollendung der schweren Arbeiten sind wir alle nach Hause gegangen.

c 4) Magistro psalmum recitante discipuli loquebantur.
Während / Obwohl der Lehrer den Psalm vorlas, / Während / Trotz der Lesung des Psalmes redeten die Schüler.

d 2) Adulescente carmina cantante homines a pulcherrima voce delectantur.
Während / Weil der junge Mann Lieder singt, / Wegen des Gesanges von Liedern durch den jungen Mann werden die Menschen von der sehr schönen Stimme erfreut.

7.

linguam: linguas - die Sprachen; morbi: morborum - der Krankheiten; coniuge: coniugibus - mit den Gatten / Gattinnen; onus: onera - die Lasten; carmen: carmina - die Lieder; silvae: silvarum - der Wälder, silvis - den Wäldern, silva - der Wald; servorum: servi - des Sklaven; usu: usibus - durch den Nutzen; lateri: lateribus - den Seiten; errores: error - der Fehler, errorem - den Fehler; causa: causae - die Ursachen,

causis - durch die Ursachen; victoris: victorum - der Sieger, animis: animae - den Seelen, anima - in der Seele, animo - dem Herz, durch das Herz; rationum: rationis - der Vernunft;
pericula: periculum - die Gefahr

8.

coepimus: wir haben begonnen - fiebas: du wurdest - tentus est: er ist gehalten worden - congregatis: ihr versammelt - cantabunt: sie werden singen - pellor: ich werde geschlagen - educate: erzieht - miseriti eramus: wir hatten Mitleid gehabt - fiet: es wird geschehen - frequentabamur: wir wurden oft besucht - possessa erant: sie waren besessen worden - pare: gehorche - ingrediuntur: sie gehen hinein - traxerat: er hatte geschleppt - rapiar: ich werde geraubt werden - exponi: ausgesetzt werden - optavit: er hat gewünscht - vulneravisse: verletzt haben

9.

neutral: neuter 3 - keiner von beiden; bei einer Auseinandersetzung keiner der streitenden Gruppen angehörend
Attraktion: attrahere attraho 3 (-traxi, -tractum) - (heran)ziehen; etwas, das die Aufmerksamkeit anzieht
Ration: ratio, onis, f. - Vernunft, Überlegung, Berechnung, System; berechnete Menge
Animation: anima, ae, f. - Seele, Geist / animus, i, m. - Seele, Geist, Gemüt, Herz; Anregung des Geistes
Kongregation: congregare congrego 1 - versammeln; Versammlung
Assimilation: ad - zu, an, bei + similis, e - ähnlich / simulare simulo 1 - nachahmen, sich verstellen; Angleichung
Komparation: comparare comparo 1 - vergleichen, kaufen, erwerben; Vergleich (von Adjektiven)
Extraktion: e / ex - aus, von + trahere traho 3 (-traxi, -tractum) - ziehen, schleppen; Herausziehen
Null: nullus 3 - kein; Zahl, die keinen Wert hat
konstant: constare consto 1 (-stiti, staturum) - (fest)stehen, kosten; etwas Feststehendes
Linguistik: lingua, ae, f. - Zunge, Sprache; allgemeine Sprachwissenschaft

10.

In bona voluntate pax nobis est. - Im guten Willen / Bei gutem Willen ist uns Frieden / gehört uns Frieden / haben wir Frieden.
Ita est. - So ist es.

Horrori mihi erat illud ingenium. - Zum Entsetzen war mir jene Begabung. / Ich entsetzte mich vor jener Begabung.
Ecce pietas est sapientia. - Siehe, die Frömmigkeit ist Weisheit.
Hortulus quidam erat hospitii nostri ... - Ein kleiner Garten war Eigentum unseres Hauses. / Ein kleiner Garten gehörte zu unserem Haus.
ecce facta sunt nova. - Siehe, Neues ist gemacht worden / neue (Dinge) sind gemacht worden. / Siehe Neues ist entstanden.

11.

1.

Am Anfang war das Wort und das Wort war bei Gott und Gott war das Wort. Dieses war am Anfang bei Gott. Alles ist durch ihn selbst gemacht worden, und ohne ihn selbst ist nichts gemacht worden. Was gemacht worden ist in ihm, ist Leben, und das Leben war das Licht der Menschen; und das Licht leuchtet in der Finsternis, und die Finsternis ergreift es nicht.

2.

Wir haben auch mit uns genommen den Jungen Adeodatus, der leiblich aus mir von meiner Sünde entstanden war. Du hattest ihn gut gemacht. Er war fast fünfzehn an Jahren / fünfzehn Jahre alt und er übertraf durch seine Begabung viele ernste und gelehrte Männer. Deine Geschenke gestehe ich dir, Herr, mein Gott, Schöpfer aller (Dinge) / Schöpfer von allem ... - Denn ich hatte an jenem Jungen abgesehen von dem Vergehen keinen Anteil. Dass er nämlich aufgezogen wurde von uns in deiner Lehre, (das) hattest du uns eingegeben, kein anderer. Deine Geschenke gestehe ich dir. Es ist unser Buch, das überschrieben wird Über den Lehrer; er selbst spricht dort mit mir. ... Zum Schrecken war mir jene Begabung. Und wer abgesehen von dir (ist) der Urheber derartiger Wunder? Schnell hast du sein Leben von der Erde weggetragen, und ich Sorgloserer erinnere mich an ihn, wobei / während ich nicht(s) fürchte ...

Repetitio quinta

1.

Exaudi me. - Erhöre mich.

2.

tribuerit - neglegeremini - tractes - puniti essent - sumamur - cogerem - monstrentur - superatus sit - curavissem - dormiant - disceretis

3.

1) Herr, lasst uns die Himmel, die Werke / die Arbeit deiner Finger sehen;

2) Ich kenne nicht, Herr, ich kenne nicht andere so fromme Reden, die mich so überzeugten .... Ich möchte diese verstehen, guter Vater...

3) Deine Werke loben dich, damit wir dich lieben, und wir lieben dich, damit deine Werke dich loben.

4) Weil / Als ich (ihn) anrief, hat der Gott meiner Gerechtigkeit mich erhört;

5) Wer ist (es), der mich lehrt ... ?

6) Ja, lasst und gewissenhafter suchen und lasst uns nicht verzweifeln.

7) Welche Töne, mein Gott, habe ich dir gegeben, als ich die Psalmen las ...

8) Aber wo soll gesucht werden / soll man suchen? Wann soll gesucht werden / soll man suchen?

9) Die Zeiten sollen / müssen bestimmt werden, die Stunden sollen / müssen eingeteilt werden für das Wohl der Seele.

10) Wo also habe ich dich gefunden, damit ich dich erfuhr / (kennen)lernte?

4.

3. Sgl. Präs. Akt.: vult / potest - 3. Sgl. Imperf. Akt.: volebat / poterat -
3. Sgl. Fut. Akt.: volet / poterit - 3. Sgl. Perf. Akt.: voluit / potuit –
3. Sgl. Plus. Akt.: voluerat / potuerat

5.

1) In der Tat schwankte alles / schwankten alle hinsichtlich meines vergänglichen Lebens und das Herz musste gereinigt werden (Gv) von der alten Wut.

2) Kann nichts Sicheres erwähnt werden für das Leben, das geführt werden muss / für das zu führende Leben (Gv)?

3) Nun ist nämlich nicht die Zeit des Suchens (Gr), sondern des sich zu dir Bekennens.

4) Und hierauf hast du für die ungläubigen Völker, die eingeweiht werden müssen, / für die einzuweihenden ungläubigen Völker (Gv) Sakramente und sichtbare Wunder hervorgebracht;

5) Ich habe gestarrt / Ich war starr vor Fürchten / Furcht (Gr) und an derselben Stelle habe ich geglüht vor Hoffen / Hoffnung (Gr) und vor Jubeln /Jubel (Gr) wegen / auf / in deiner Barmherzigkeit, Vater.

6) So nämlich hören sie nicht nur zum Hören (Gr), sondern auch zum Tun (Gv): Sucht Gott, und eure Seele wird leben ...

7) Dieses selbst nämlich musste / sollte besonders geglaubt werden (Gv) ...
8) Und bisher kamen wir näher durch Glauben (Gr) und Reden (Gr) und Bewundern (Gr) deiner Werke.
9) Allmächtig und gut bist du für all das Gute, das getan werden muss (Gv), für den großen Himmel und die kleine Erde.
6.
beati pastoris / pastores: des guten Hirten / die guten Hirten - ingentes flammae / flammas: gewaltige Flammen - difficili consilio: dem schwierigen Plan / durch den schwierigen Plan - certa mors /morte: der sichere Tod / durch den sicheren Tod - tristem epistulam: den traurigen Brief - longae aestatis / aestati /aestates: des langen Sommers / dem langen Sommer / die langen Sommer - primo crimini / crimine: dem ersten Verbrechen / durch das erste Verbrechen - communis ludus / ludi: das gemeinsame Spiel / des gemeinsamen Spiels - humanos iudices: menschliche Richter
7.

Adjektiv	Substantiv	Präposition	Adverb	Subjunktion
vanus	salus	contra	primo	ut
primus	decus		bene	nisi
turpis	materia		ubique	ne
inanis	mos		paene	si
	vesper		fortasse	

8.
1. decus - 2. vacuus - 3. humanus - 4. defectus - 5. mirificus -
6. catholicus - 7. necessarius
9.
a) episcopus: o-Dekl., keine 3. Dekl.
b) grex: maskulin, nicht feminin
c) status: u-Dekl., keine 3. Dekl.
d) defectus: maskulin, nicht neutrum
10.
A 14 - B 2 - C 20 - D 9 - E 10 - F 3 - G 1 - H 17 - I 15 - J 4 - K 18 - L 21 - M 8 - N 16 - O 7 - P 13 - Q 11 - R 5 - S 6 - T 12 - U 19

11.

1.

Unser Vater, der du bist im Himmel / in den Himmeln, dein Name soll / möge geheiligt werden, dein Reich soll / möge ankommen, dein Wille soll / möge geschehen wie im Himmel (so) auch auf der Erde.
Gib uns heute unser tägliches Brot; und vergib uns unsere Schuld / Schulden, wie auch wir vergeben unseren Schuldnern; auch sollst du uns nicht in die Versuchung führen, sondern befreie uns von dem Bösen.

2.

Alle haben (ihre) Zeit und die Ganzen unter dem Himmel gehen in ihren Zeiträumen vorbei: / Alles hat (seine) Zeit und das Ganze unter dem Himmel geht in seinem Zeitraum vorbei: die Zeit des Geborenwerdens und die Zeit des Sterbens, die Zeit des Pflanzens und die Zeit des Herausreißens, was gepflanzt worden ist, die Zeit des Tötens und die Zeit des Heilens, die Zeit des Niederreißens und die Zeit des Bauens, die Zeit des Weinens und die Zeit des Lachens, die Zeit des Wehklagens und die Zeit des Tanzens, die Zeit des Verteilens (besser: Werfens) von Steinen und die Zeit des Einsammelns (von Steinen), die Zeit des Umarmens und die Zeit, von Umarmungen fern zu sein, die Zeit des Gewinnens und die Zeit des Verlierens, die Zeit des
Bewahrens und die Zeit des Wegwerfens, die Zeit des Zerreißens und die Zeit des Zusammennähens, die Zeit des Schweigens und die Zeit des Redens, die Zeit der Liebe und die Zeit des Hasses, die Zeit des Krieges und die Zeit des Friedens.

3.

Meine Freuden, die beweint werden müssen, streiten mit den Betrübnissen, die mit Freude erfüllt werden müssen; und aus / von welcher Seite der Sieg hervorgeht, ich weiß es nicht. Meine bösen Betrübnisse streiten mit den guten Freuden, und aus / von welcher Seite der Sieg hervorgeht, ich weiß es nicht. Wehe mir! Herr, erbarme dich meiner! Wehe mir! Siehe, meine Wunden verberge ich nicht. Der Arzt bist du, krank bin ich; barmherzig bist du, erbärmlich bin ich.

Wörterverzeichnis

A

a / ab + Abl.	von 4
abeo (-ii, -itum)	weggehen 11
abstineo 2 (-tinui, -tentum)	sich enthalten 2
absum (afui, afuturum)	abwesend sein 14
accendo 3 (-cendi, -censum)	anzünden, entflammen, reizen 9
accipio 3 (-cepi, -ceptum)	an-, aufnehmen 6
acer, acris, acre	spitz, scharf, heftig 12
ad + Akk.	zu, an, bei 4
addo 3 (-didi, -ditum)	hinzufügen 7
adsum (affui)	da sein, helfen 7
adulescens, ntis,m.	junger Mann 11
advenio 4 (-veni, -ventum)	ankommen 13
aeger 3	krank 10
aequus 3	gleich 15
aer, ris, m.	Luft 8
aestas, atis, f.	Sommer 14
aeternus 3	ewig 8
affectus, us, m.	Zustand, Stimmung 7
afficio 3 + Abl. (-feci, -fectum)	versehen mit etw. 6
ager, gri, m.	Feld, Acker 2
aggredior 3 (aggressus sum)	herantreten, angreifen 14
agnosco 3 (-novi, -nitum)	erkennen, wahrnehmen 15
ago 3 (egi, actum)	treiben, tun, handeln 2
agricola, ae, m.	Bauer 2
alienus 3	fremd 2
aliquando	irgendwann 5
aliqui,-quae,-quod	irgendein 9
aliquid, -quis	irgendetwas, -wer 7
alius, a, ud	ein anderer 6
alo 3 (alui, altum)	ernähren 2
alter 3	der eine, der andere 10
altitudo, dinis, f.	Erhabenheit, Größe 10
altum, i, n.	Höhe 13
ambulo 1	(spazieren)gehen 3
amen	amen, wahrlich, so sei es 3
amica, ae, f.	Freundin 2
amicus, i, m.	Freund 5
amitto 3 (-misi, -missum)	loslassen, verlieren5
amo 1	lieben 3
amor, ris, m.	Liebe 5
amplus 3	weit 11
angelus, i, m.	Engel, Bote 1
anima, ae, f.	Seele, Geist 2
animal, lis, n.	Lebewesen 6
animus, i, m.	Seele, Geist, Gemüt, Herz 10
annus, i, m.	Jahr 2
ante + Akk.	vor; vorher, früher 1
antiquus 3	alt 13
aperio 4 (aperui, apertum)	öffnen 9
apostolus, i, m.	Apostel, Gesandter 9
appello 1	anreden, nennen 4
apprehendo 3 (-prehendi, -prehensum)	fassen, ergreifen 11
apud + Akk.	bei 2
aqua, ae, f.	Wasser 2
arbor, ris, f.	Baum 6
argentum, i, n.	Silber, Geld 13
arripio 3 (-ripui, -reptum)	an sich reißen, ergreifen 11
ars, artis, f.	Kunst, Handwerk, Wissenschaft 14
at	aber 10
atque	und (sogar) 5
attendo 3 (-tendi, -tentum)	bemerken, einsehen 9
attraho 3 (-traxi, -tractum)	(heran)ziehen 11
auctoritas, atis, f.	Einfluss, Ansehen 15
audio 4	hören 5
aufero (abstuli, ablatum)	wegtragen, -bringen 9
augeo 2 (auxi, auctum)	vermehren, vergrößern 4
aut	oder 9
aut ... aut	entweder ... oder 9
autem	aber 2

avaritia, ae, f.	Gier, Geiz 15
B	
baptismus, i, m.	Taufe 8
baptisma, atis, n.	Taufe 8
beatus 3	glücklich, zufrieden, gesegnet 13
bene	gut 14
benedico 3 (-dixi, -dictum)	preisen, rühmen 8
beneficium, i, n.	Wohltat, Hilfe 13
bonus 3	gut 2
brevis, e	kurz 6
C	
cado 3 (cecidi, casurum)	fallen 13
caedo 3 (cecidi, caesum)	niederhauen, (er)schlagen, töten 9
caelibatus, i, m.	Zölibat, Ehelosigkeit 4
caelum, i, n.	Himmel 2
campus, i, m.	Ebene, Feld 1
canto 1	(be)singen 11
capio 3 (cepi, captum)	nehmen, ergreifen 1
caput, pitis, n.	Kopf 11
carmen, minis, n.	Lied 11
carnalis, e	fleischlich, leiblich, irdisch, sündhaft 6
caro, rnis, f.	Fleisch; leibliches, irdisches Dasein 3
carus 3	lieb, wert, teuer 5
casus, us, m.	Fall; Vorfall, Zufall 7
catholicus 3	allgemein, rechtgläubig 15
causa, ae, f.	Ursache, Grund 11
cedo 3 (cessi, cessum)	gehen; *hier:* nachgeben 14
celebro 1	oft besuchen, feiern 1
censeo 2 (censui, censum)	(ein)schätzen 1
centum	einhundert 13
certus 3	sicher, bestimmt 14
cesso 1	zögern, nachlassen 14
ceteri 3	die übrigen 14
christianus 3	christlich; der Christ 1
Christus, i, m.	Christus, der Gesalbte 1
circumfero (-tuli, -latum)	herumtragen 9
civitas, atis, f.	Bürgerschaft, Stadt, Staat 6
clamo 1	schreien, rufen 9
clamor, ris, m.	Geschrei, Lärm 15
clarus 3	hell, glänzend, berühmt 11
claudo 3 (clausi, clausum)	schließen 9
clavis, is, f.	Schlüssel 15
codex, dicis, m.	Buch, Handschrift 8
coelibatus, i, m.	Zölibat, Ehelosikeit 4
coelum, i, n.	Himmel 2
cogito 1	(nach)denken 7
cognosco 3 ((cog)novi, -nitum)	kennenlernen, erkennen; *Perf.:* kennen, wissen 6
cogo 3 (coegi, coactum)	(ver)sammeln, zwingen 13
colligo 3 (legi, -lectum)	sammeln 15
colloquium, i, n.	Gespräch 15
colo 3 (colui, cultum)	pflegen, (ver)ehren 4
committo 3 (-misi, -missum)	übergeben, anvertrauen 8
commodus 3	angemessen, bequem 7
communis, e	gemeinschaftlich, gemeinsam 13
comparo 1 + Dat. / Abl.	vergleichen; kaufen, erwerben 10
concilium, i, n.	Versammlung 13
concipio 3 (-cepi, -ceptum)	empfangen, schwanger werden 14
concordia, ae, f.	Eintracht, Einigkeit 15
concursus, us, m.	Zusammenlaufen, Zusammenstoßen 13
condicio, onis, f.	Bedingung, Lage 13
conditor, ris, m.	Schöpfer 10
condo 3 (-didi, -ditum)	(er)bauen, (er)schaffen 9
confero (contuli, collatum)	zusammentragen; *hier:* richten auf, widmen 13
conficio 3 (-feci, -fectum)	ausführen, vollenden 6
confirmo 1	stärken, kräftigen 6

confiteor 2 + Dat. (-fessus sum)	sich bekennen zu, jmd. etw. anerkennen 4
confusio, onis, f.	Verwirrung 10
congrego 1	(ver)sammeln 11
coniugium, i, n.	Ehe 12
coniunx,ugis,m. / f.	Gatte, Gattin 12
consecro 1	weihen, heiligen 14
consilium, i, n.	Absicht, Plan 14
constituo 3 (-stitui, -stitutum)	aufstellen, festsetzen, beschließen 6
consto 1 (-stiti, -staturum)	(fest)stehen, kosten 11
contineo 2 (-tinui, -tentum)	zusammen-, fest-, enthalten 4
continuus 3	ununterbrochen, fortlaufend 14
contra + Akk.	gegen 15
convalesco 3 (-valui)	gesund werden 14
converto 3 (-verti, -versum)	wenden 9
convertor 3 (-versus sum)	sich wenden 9
copia, ae, f.	Menge, Vorrat 2
cor, cordis, n.	Herz 3
corpus, poris, n.	Körper 13
cotidie	täglich 11
creator, ris, m.	Schöpfer 4
creatura, ae, f.	Schöpfung, Welt 6
credo 3 (credidi, creditum)	glauben, anvertrauen 1
cresco 3 (crevi, cretum)	(auf)wachsen 5
crimen, minis, n.	Verbrechen 15
crucifigo 3 (-fixi, -fixum)	kreuzigen 7
crux, crucis, f.	Kreuz 9
culpa, ae, f.	Schuld, Vergehen 13
cum + Abl.	mit 5
cum + Ind.	als, (jedesmal) wenn 11
cum + Konj.	als, weil, obwohl 13
cupio 3 (cupivi, cupitum)	wünschen 10
cura, ae, f.	Sorge, Pflege 8
curo 1	sich sorgen um, pflegen, heilen 14
cursus, us, m.	Lauf, Bahn 7
custos, odis, m.	Wächter 11

D

de + Abl.	von ... weg; über, hinsichtlich 1
debitum, i, n.	Schuld 2
decimus 3	zehnter 10
decus, coris, n.	Schmuck, Ruhm 14
defectus, us, m.	Fehler, Schwäche 15
defendo 3 (-fendi, -fensum)	verteidigen 4
deficio 3 (-feci, -fectum)	mangeln, schwinden 11
deinde	danach 12
delecto 1	erfreuen 4
delibero 1	beschließen, überlegen 15
depono 3 (-posui, -positum)	weg-, ablegen 14
deporto 1	wegschaffen 14
desero 3 (-serui, -sertum)	im Stich lassen 7
desiderium, i, n.	Sehnsucht, Wunsch, Bitte 7
desperatus 3	hoffnungslos, verzweifelt 12
deus, i, m.	Gott 1
dextera, ae, f.	rechte Hand 3
dico 3 (dixi, dictum)	sagen, sprechen 1
dies, ei, m.	Tag 4
differo (distuli, dilatum)	aufschieben, trennen 9
difficilis, e	schwer, schwierig; *hier:* mühsam 14
diligenter	sorgfältig, gewissenhaft 8
diligo 3 (-lexi, lectum)	lieben, hochachten 2
dimitto 3 (-misi, -missum)	ent-, erlassen, vergeben 2
discedo 3 (-cessi, -cessum)	weggehen, verlassen, sich trennen 11
disciplina, ae, f.	Lehre, Ordnung 2
discipulus, i, m.	Schüler 1
disco 3 (didici)	lernen, erfahren 13
dispono 3 (-posui, -positum)	ordnen, einteilen; *hier:* beabsichtigen 15
disputo 1	erörtern; *hier:* miteinander reden 12

divido 3 (divisi, divisum)	teilen 2
do 1 (dedi, datum)	geben 3
doceo 2 (docui, doctum)	lehren, unterrichten 8
doctor, ris, m.	Lehrer 6
doctrina, ae, f.	Unterricht, Bildung, Lehre 6
doleo 2 (dolui, doliturum)	schmerzen, Schmerz empfinden 5
dolor, ris, m.	Schmerz 8
dominicus 3	herrschaftlich, des Herrn; (~ dies) Sonntag 8
dominus, i, m.	Herr 1
domus, us, f.	Haus 11
donum, i, n.	Geschenk, Gabe 4
dormio 4	schlafen 15
dubito 1	zweifeln, zögern 4
duco 3 (duxi, ductum)	führen, ziehen 9
dulcis, e	angenehm, süß, lieblich 6
duo, ae, o	zwei 3
durus 3	hart 12

E

e / ex + Abl.	aus, von ... her 7
ecce	siehe!, da! 1
ecclesia, ae, f.	Versammlung; Gemeinde, Kirche 2
edo 3 (-didi, -ditum)	herausgeben 10
educo 1	erziehen 10
ego	ich 1
eligo 3 (-legi, -lectum)	herauslesen, auswählen 12
eloquentia, ae, f.	Beredsamkeit, das Sprechen 15
emineo 2 (eminui)	hervorragen 1
enim	denn, nämlich 2
eo (ii, itum)	gehen 7
episcopus, i, m.	Bischof 14
epistula, ae, f.	Brief 13
ergo	also, folglich 10
erro 1	sich irren 1
error, ris, m.	Irrtum, Fehler, Ungewissheit 10
et	und, auch 1
et ... et	sowohl ... als auch 3
etiam	auch, sogar 8
evangelium, i, n.	frohe Botschaft, Freudenbotschaft 1
exaudio 4	erhören 3
excito 1	antreiben, wecken 9
exemplum, i, n.	Beispiel 1
exeo (-ii, -itum)	hinaus-, weggehen, ausweichen 15
exerceo 2 (-ercui, -ercitum)	üben 14
exhortatio, onis, f.	Aufmunterung, Ermahnung 4
exilium, i, n.	Verbannung, Fremde 15
expono 3 (-posui, -positum)	aussetzen, zur Schau stellen 10

F

facies, ei, f.	Gestalt, Gesicht 6
facio 3 (feci, factum)	tun, machen 1
facultas, atis, f.	Möglichkeit, Gelegenheit 6
falsus 3	falsch, unwahr 14
fama, ae, f.	(guter/schlechter) Ruf 6
familia, ae, f.	Familie 11
fateor 2 (fassus sum)	gestehen, bekennen 8
fatum, i, n.	Schicksal, Verhängnis 2
felicitas, atis, f.	Glück, Segen 11
felix, icis	glücklich 11
femina, ae, f.	Frau 4
fero (tuli, latum)	tragen, bringen 9
ferrum, i, n.	Eisen, Waffe 11
festus 3	festlich 14
fidelis, e	treu, zuverlässig, gläubig; der Gläubige 6
fides, ei, f.	Treue, Zuverlässigkeit, Glaube 4
filia, ae, f.	Tochter 8
filius, i, m.	Sohn 1
fingo 3 (finxi, fictum)	formen, erdichten, (fälschlich) vorgeben 9
finis, is, m.	Ende, Grenze 7
fio (factus sum)	werden, entstehen, gemacht werden 10
firmamentum,i,n.	Himmel(sgewölbe) 14
firmus 3	stark, fest, zuverlässig 6
flagitium, i, n.	Schandtat 15
flamma, ae, f.	Flamme, Feuer 13

flecto 3 (flexi, flexum)	biegen, beugen 4
fleo 2 (flevi, fletum)	weinen 5
fletus, us, m.	Weinen 11
floreo 2 (florui)	blühen 1
forma, ae, f.	Aussehen, Gestalt 15
fortasse	vielleicht 13
fortis, e	stark, kräftig, dauerhaft 12
frango 3 (fregi, fractum)	(zer)brechen 9
frater, tris, m.	Bruder 3
frequento 1	oft besuchen 11
frigidus 3	kalt, kühl, frostig 12
fuga, ae, f.	Flucht 9
furor, oris, m.	Wut, Raserei 10
futurus 3	künftig 14

G

gaudeo 2 (gavisus sum)	sich freuen 1
gaudium, i, n.	Freude 2
gens, gentis, f.	Geschlecht, Gattung, Volksstamm 3
genus, neris, n.	Geschlecht, Familie, Volk, Gattung 7
gero 3 (gessi, gestum)	tragen, ausführen 8
gloria, ae, f.	Ruhm, Ehre 2
glorior 1	sich rühmen 11
grandis, e	bedeutend, groß 6
gratia, ae, f.	Dank, Gnade 2
gratis	gern 5
gravis, e	schwer, ernst 9
grex, gregis, m.	Herde, Schar, Gemeinde 14

H

habeo 2 (habui, habitum)	haben, halten 1
hic, haec, hoc	dieser 10
hodie	heute 3
homo, minis, m.	Mensch, Mann 3
honor, ris, m.	Ehre 4
hora, ae, f.	Stunde, Zeit 13
horreo 2 (horrui)	sich entsetzen 15
hospes, pitis, m.	Gast(freund) 4
hostes, is, m.	Feind 13
humanitas,atis,f.	Menschlichkeit, Bildung 9
humanus 3	menschlich, gebildet 15
humilis, e	einfach, unbedeutend 6
humilitas, atis, f.	Unterwürfigkeit, Demut 8

I

iam	schon 10
ibi	dort 3
idem,eadem,idem	derselbe 10
Iesus, u, m.	Jesus 1
igitur	also, folglich 13
ignorantia, ae, f.	Unwissenheit, Unkenntnis 10
ignoro 1	nicht kennen, nicht wissen 11
ignotus 3	unbekannt 2
ille, illa, illud	jener 10
illustris, e	klar, berühmt 6
imago, ginis, f.	Bild 10
immutabilis, e	unveränderlich 12
imperfectus 3	unvollkommen 5
impero 1	befehlen 13
impius 3	gottlos 7
impono 3 (-posui, -positum)	(hin)einsetzen 7
in + Akk.	in, an, nach, auf, gegen, für *(wohin?)* 3
+ Abl.	in, an, auf *(wo?)* 1
inanis, e	leer, unnütz 13
incertus 3	unsicher, ungewiss 15
incipio 3 (coepi, inceptum)	beginnen 11
incola, ae, m.	Einwohner, Bewohner 8
incomprehensibilis,e	unfassbar, maßlos 12
inde	von da an, hierauf 15
infelix, icis	unglücklich 12
infirmus 3	schwach, krank 4
ingenium, i, n.	Begabung, Talent 14
ingens, ntis	ungeheuer, gewaltig 15
ingredior 3 (ingressus sum)	hineingehen, betreten 11
inimicus, i, m.	Feind 2
initium, i, n.	Anfang 1
inquietus 3	unruhig 9

inquisitio, onis, f.	Erforschung, Untersuchung 13
inquit; inquiunt	er sagt(e); sie sag(t)en 8
instituo 3 (-stitui, -stitutum)	einrichten, unterweisen 14
instrumentum,i,n.	Gerät, Werkzeug 11
integer 3	unversehrt 2
intellego 3 (-lexi, -lectum)	verstehen, einsehen 9
inter + Akk.	zwischen, unter 3
intermitto 3 (-misi, -missum)	unterbrechen 14
interrogo 1	fragen 8
intersum (-fui)	dazwischen sein, sich befinden, teilnehmen an 6
intro 1	eintreten, betreten 11
invenio 4 (-veni, -ventum)	finden, entdecken 3
invoco 1	anrufen 3
ipse, ipsa, ipsum	er selbst 10
ira, ae, f.	Zorn 11
iratus 3	zornig
is, ea, id	er; dieser 10
iste, ista, istud	dieser 10
ita	so, auf diese Weise 10
itaque	und so, daher 5
iterum	wieder(um) 1
iudex, dicis, m.	Richter 13
iudicium, i, n.	Urteil, Gericht, (göttliche) Gerechtigkeit 11
iudico 1	(be)urteilen, Richter sein 1
iunior, ris, m.	junger Mann 13
ius, iuris, n.	Recht 11
iustus 3	gerecht 5

L

labor, ris, m.	Arbeit, Mühe 14
laboro 1	arbeiten 13
laboriosus 3	beschwerlich 4
lacrima, ae, f.	Träne 13
laetitia, ae, f.	Freude, Fröhlichkeit 11
laetus 3	fröhlich, vergnügt 7
latus 3	weit, breit 7
latus, teris, n.	Seite 12
laudabilis, e	lobenswert 9
laudo 1	loben 8
lego 3 (legi, lectum)	lesen 4
lex, legis, f.	Gesetz 3
liber, bri, m.	Buch 4
liberalis, e	frei, großzügig, vornehm, anständig 6
libertas, atis, f.	Freiheit 4
libido, dinis, f.	Begierde, Verlangen 12
licet (licuit)	es ist erlaubt 1
lingua, ae, f.	Zunge, Sprache 10
littera, ae, f.	Buchstabe, Bibel, *Pl.:* Schrift, Wissenschaft 7
locus, i, m.	Ort, Platz, Stelle 3
longus 3	lang 13
loquor 3 (locutus sum)	reden, sprechen 4
ludo 3 (lusi, lusum)	spielen 5
ludus, i, m.	Spiel, Spaß, Schule 15
lumen, minis, n.	Licht, Klarheit 6
luna, ae, f.	Mond 3
lux, lucis, f.	Licht 4
luxuria, ae, f.	Üppigkeit, Zügellosigkeit 15

M

magister, tri, m.	Lehrer, Meister 1
magnificentia,ae,f.	Ehre, Ruhm 3
magnifico 1	preisen, rühmen 2
magnus 3	groß, bedeutend 1
maior, ius	größer 12
malus 3	schlecht, übel, böse 10
mando 1	übergeben, anvertrauen 9
maneo 2 (mansi, mansurum)	bleiben 7
manus, us, f.	Hand 7
mare, ris, n.	Meer 6
mater, tris, f.	Mutter 3
materia, ae, f.	Stoff, Ursache 15
maturus 3	reif 9
maxime	besonders 15
maximus 3	größter 12
medius 3	der mittlere, in der Mitte stehend 15
melior, ius	besser 12
memoria, ae, f.	Erinnerung 2
mens, ntis, f.	Verstand, Gesinnung 7
mensa, ae, f.	Tisch 9

meus 3	mein 1
miles, litis, m.	Soldat 10
minimus 3	kleinster, geringster 12
ministerium, i, n.	Dienst 9
ministro 1	bedienen 1
minor, nus	kleiner 12
mirabilis, e	wunderbar 8
mirificus 3	bewundernswert, wunderbar 15
mirus 3	wunderbar, bewundernswert 2
miser 3	unglücklich, erbärmlich 5
misereor 2 + Gen. (miseritus sum)	sich erbarmen, Mitleid haben 10
misericordia, ae, f.	Mitleid, Barmherzigkeit 7
misericors, rdis	mitleidig 12
mitto 3 (misi, missum)	schicken, senden 1
mobilis, e	beweglich 12
modus, i, m.	Art, Weise 1
mons, montis, m.	Berg 7
monstro 1	zeigen 2
morbus, i, m.	Krankheit 10
morior 3 (mortuus sum)	sterben 13
mors, mortis, f.	Tod 15
mortalis, e	sterblich, vergänglich, menschlich 6
mortalis, is, m.	Mensch 6
mortalitas, atis, f.	Sterblichkeit 9
mos, moris, m.	Sitte, Brauch 15
moveo 2 (movi, motum)	bewegen 6
multi 3	viele 5
mundus, i, m.	Welt 1
munus, neris, n.	Geschenk, Aufgabe4
muto 1	verändern,wandeln 7

N

nam	denn, nämlich 13
narro 1	erzählen, berichten 9
nascor 3 (natus sum)	geboren werden, entstehen 11
natio, onis, f.	Volk(sstamm) 10
natura, ae, f.	Natur 15
naturalis, e	leiblich, natürlich 12
navigo 1	zur See fahren 14
ne + Konj.	dass nicht, damit nicht 13
necessarius 3	notwendig 15
necessitas, atis, f.	Notwendigkeit, Zwang 14
neglego 3 (-lexi, -lectum)	vernachlässigen, nicht achten 15
nego 1	verneinen, leugnen 6
neque	und nicht, auch nicht 8
neque ... neque	weder ... noch 8
nescio 4 (-scivi, -scitum)	nicht wissen, nicht kennen 9
neuter 3	keiner von beiden 10
nihil	nichts 13
nisi	wenn nicht, außer 13
nobilis, e	adlig, vornehm, berühmt, bekannt 6
nolo (nolui)	nicht wollen 15
nomen, minis, n.	Name 3
nomino 1	(be)nennen 15
non	nicht 1
nondum	noch nicht 8
nonnulli 3	einige 10
nonus 3	neunter 9
nos	wir, uns 2
noster 3	unser 2
noto 1	kennzeichnen, wahrnehmen 5
novus 3	neu, jung 6
nox, noctis, f.	Nacht 4
nubes, is, f.	Wolke 7
nullus 3	kein 10
numero 1	zählen 4
numquam	nie(mals) 12
nunc	nun, jetzt 3

O

obscurus 3	dunkel, versteckt 15
occido 3 (-cidi, -cisum)	töten, erschlagen 7
occultus 3	verborgen 14
occupo 1	in Besitz nehmen, besetzen 4
octavus 3	achter 8
odi	hassen 13
oculus, i, m.	Auge 5

offendo 3 (-fendi, -fensum)	anstoßen, verletzen 4
officium, i, n.	Pflicht, Geschäft, Dienst 1
omnipotens, ntis	allmächtig 7
omnis, e	jeder, ganz, *Pl.:* alle 6
onus, neris, n.	Last 10
opera, ae, f.	Arbeit, Mühe 7
opinio, onis, f.	Meinung 7
optimus 3	bester 12
opto 1	wünschen 11
opus, peris, n.	Arbeit, Mühe, Werk 4
orator, ris, m.	Redner 6
orbis, is, m.	Kreis 14
ordinator, ris, m.	Ordner 4
ordo, dinis, m.	Ordnung, Stand 7
origo, ginis, f.	Ursprung 15
orno 1	schmücken 2
oro 1	bitten, beten 3
os, oris, n.	Mund, Eingang 4
ostendo 3 (ostendi, ostentum)	zeigen 13

P

paene	beinahe, fast 14
panis, is, m.	Brot 3
par, paris	gleich, entsprechend 12
paradisus, i, m.	Paradies, Garten, Park 3
parco 3 + Dat. (peperci, parsurum)	jmd. schonen 7
parentes, um, m.	Eltern 4
pareo 2 (parui, pariturum)	(auf Befehl) erscheinen, gehorchen 12
paro 1	vorbereiten 9
pars, partis, f.	Teil 3
parvus 3	klein, gering, unbedeutend 6
pastor, ris, m.	Hirte 15
pater, tris, m.	Vater 3
patior 3 (passus sum)	(er)dulden, leiden 4
patrius 3	väterlich 9
paulatim	allmählich 12
pauper, eris	arm 6
pax, pacis, f.	Frieden 6
peccator, ris, m.	Sünder 6
peccatum, i, n.	Sünde 4
pecco 1	sündigen 4
pectus, toris, n.	Brust, Verstand, Geist, Seele 15
pecunia, ae, f.	Geld 2
peior, ius	schlechter 12
pello 3 (pepuli, pepulsum)	schlagen, stoßen, klopfen 10
per + Akk.	durch 3
pereo (-ii, -itum)	zugrunde gehen 13
perficio 3 (-feci, -fectum)	vollenden 4
periculum, i, n.	Gefahr 12
perturbo 1	beunruhigen 14
pes, pedis. m.	Fuß 4
pessimus 3	schlechtester 12
peto 3 (petivi, petitum)	bitten, erstreben 14
philosophia,ae,f.	Philosophie 4
philosophus,i,m.	Philosoph 6
pietas, atis, f.	Pflichtgefühl, Frömmigkeit 12
pius 3	gottesfürchtig, fromm 11
placeo 2 (placui, placitum)	gefallen 5
plenitudo, dinis, f.	Fülle 6
plenus 3 + Abl.	voll (von) 2
plures, ria	mehrere 12
plurimi 3	die meisten 12
pono 3 (posui, positum)	setzen, stellen, legen 11
pons, ntis, m.	Brücke 10
populus, i, m.	Volk 2
porta, ae, f.	Tor, Pforte 7
porto 1	tragen 11
possideo 2 (-sedi, -sessum)	besitzen 12
possum (potui)	können 14
post + Akk.	nach, hinter 12
postulo 1	fordern, beantragen 15
potens, ntis	mächtig, fähig 7
potentia, ae, f.	Macht 14
praedicator, ris, m.	Verkünder, Prediger 7
praedico 1	rühmen, preisen, predigen 9
praemium, i, n.	Belohnung 15
praesens, ntis	anwesend, gegenwärtig, beistehend 12
praetereo (-ii, -itum)	vorbei-, vergehen 7
preces, um, f.	Bitte 7

premo 3 (pressi, pressum)	drücken, hemmen 10
primo	zuerst 14
primus 3	erster 1
princeps, pis, m.	erster; Herrscher 13
principium, i, n.	Anfang, Ursprung 2
privatus 3	eigen, persönlich 14
pro + Abl.	vor, für 3
probo 1	prüfen, billigen 2
proelium, i, n.	Kampf 12
profanus 3	ungeweiht, unheilig, gottlos, heidnisch 14
proficiscor 3 (profectus sum)	aufbrechen, abreisen 14
prohibeo 2 (-hibui, -hibitum)	fernhalten, (ver)hindern 10
promitto 3 (-misi, -missum)	versprechen 8
propheta, ae, m.	Prophet, Weissager 3
prosum (-fui)	nützen 14
psalmus, i, m.	Psalm 11
psalterium, i, n.	Psalter, Psalmenbuch 11
publicus 3	öffentlich, allgemein 1
pudor, ris, m.	Scham, Scheu, Ehrgefühl 5
puer, ri , m.	Junge 4
pulcher 3	schön 2
punio 4 (punivi, punitum)	(be)strafen 10
puto 1 + Akk. + Akk.	meinen, glauben; halten für 5

Q

quaero 3 (quaesivi, quaesitum)	suchen, fragen, erforschen 3
quando	wann 5
quanto ... tanto	je ... desto 12
quartus 3	vierter 4
quasi	gewissermaßen 12
-que	und 3
qui, quae, quod	der, welcher 6
quia	da, weil 9
quid	was 5
quidam, quaedam, quoddam	ein (gewisser) 11
quietus 3	ruhig, friedlich 7
quintus 3	fünfter 5
quis	wer 8
quod	dass; weil 10
quomodo	auf welche Weise, wie 9
quoniam	da ja, weil 10

R

rapio 3 (rapui, raptum)	fort-, weg-, abreißen 12
ratio, onis, f.	Vernunft, Überlegung, Berechnung, System 12
recipio 3 (-cepi, -ceptum)	aufnehmen, zurückholen 4
recito 1	vorlesen, vortragen7
rectus 3	gerade, richtig 14
redeo (-ii, -itum)	zurückgehen, -kehren 12
reduco 3 (-duxi, -ductum)	zurückbringen, -führen 13
refero (-tuli, -latum)	zurücktragen,wiederherstellen 13
regio, onis, f.	Gegend, Grenze 9
regnum, i, n,	(Königs-)Herrschaft, (König-)Reich 1
rego 3 (rexi, rectum)	lenken, leiten 3
religio, onis, f.	Frömmigkeit 3
relinquo 3 (-liqui, - lictum)	ver-, zurücklassen3
remitto 3 (-misi, -missum)	zurückgeben, Sünden vergeben 8
reperio 4 (repperi, repertum)	finden 8
requiesco 3 (- quievi)	(aus)ruhen, sich erholen 14
res, rei, f.	Ding, Sache, Angelegenheit 4
resisto 3 (stiti)	sich widersetzen, Widerstand leisten 9
respondeo 2 (-spondi, -sponsum)	antworten 8
rex, regis, m.	König 4
rhetor, ris, m.	Redner 15
rogo 1	bitten, fragen 1
Romanus 3	römisch; der Römer 3

S

sacer 3	heilig 14
sacramentum, i, n.	Sakrament, Geheimnis, Eid 3

saeculum, i, n.	Menschenalter, Jahrhundert, Zeit 7
salus, utis, f.	Gesundheit, Wohl, Rettung, Gruß 13
saluto 1	(be)grüßen 2
salvus 3	gesund, wohlbehalten 6
sanctus 3	heilig 5
sanguis, inis, m.	Blut 12
sano 1	heilen, wieder zur Vernunft bringen 7
sanus 3	gesund 8
sapientia, ae, f.	Weisheit 5
satis	genügend, ausreichend 14
schola, ae, f.	Schule 5
scientia, ae, f.	Wissen, Kenntnis 10
scio 4 (scivi, scitum)	wissen, kennen 9
scribo 3 (scripsi, scriptum)	schreiben, malen 4
scriptura, ae, f.	(Heilige) Schrift 7
se	sich 5
secretus 3	getrennt, einsam, entlegen 12
secundus 3	zweiter, nachstehend 2
securus 3	sorglos, sicher 8
sed	aber, sondern 4
sedeo 2 (sedi, sessum)	sitzen, sich setzen 13
semper	immer 2
senex, nis, m.	alt; alter Mann 6
senior, ris, m.	älter; Greis, alter Mann 13
sensus, us, m.	Gefühl, Verstand, Bedeutung 14
sententia, ae, f.	Gedanke, Meinung, Sinn, Bedeutung, Satz, Ausspruch 5
sentio 4 (sensi, sensum)	fühlen, wahrnehmen, verstehen, denken 5
septimus 3	siebter 7
seqor 3 + Akk. (secutus sum)	folgen 10
sermo, onis, m.	Unterhaltung, Gespräch, Sprache, Wort 7
servio 4	(be)dienen 15
servo 1	erhalten, bewahren 4
servus, i, m.	Sklave, Diener 12
sextus 3	sechster 6
si	wenn, falls 13
sic	so 3
sicut	wie 2
significo 1	bezeichnen, kenntlich machen 5
signum, i, n.	Zeichen 2
silentium, i, n.	Schweigen, Ruhe 9
silva, ae, f.	Wald 11
similis, e	ähnlich 12
simulo 1	nachahmen, sich verstellen 9
sine + Abl.	ohne 9
singuli 3	einzeln, jeder einzelne14
sino 3 (sivi, situm)	(zu)lassen, gestatten 8
situs 3	gelegen, befindlich 6
socius, i, m.	Gefährte, Kamerad 1
sol, solis, m.	Sonne 3
soleo 2 (solitus sum)	pflegen, gewohnt sein 12
solus 3	allein, einzig 10
solvo 3 (solvi, solutum)	lösen 13
somnus, i, m.	Schlaf 11
sonus, i, m.	Ton, Klang, Stimme 11
sors, sortis, f.	Los, Schicksal 3
species, ei, f.	(An-)Blick, Aussehen, Erscheinung 4
specto 1	(an)schauen, betrachten 9
spes, ei, f.	Hoffnung 4
spirit(u)alis, e	geistig, geistlich 6
spiritus, us, m.	Hauch, Seele, Geist 7
stabilis, e	standhaft, fest, dauerhaft 12
statuo 3 (statui, statutum)	aufstellen, beschließen 10
status, us, m.	Zustand, Lage 14
stella, ae, f.	Stern 3
sto 1 (steti, statum)	stehen 7
studeo 2 (studui)	sich bemühen 3
studium, i, n.	Streben, Eifer 11
sub + Akk.	unter 6
+ Abl.	unter(halb) 6
subito	plötzlich 5
sum (fui)	sein, existieren, leben 1
sum + Gen.	Eigentum / Eigenart / Aufgabe / Zeichen sein von 11
summus 3	höchster, oberster 12

sumo 3 (sumpsi,sumptum)	nehmen 13
super + Akk.	über ... hinaus 7
superbus 3	stolz, hochmütig 9
supero 1	überlegen sein, überragen 14
surgo 3 (surrexi, surrectum)	aufstehen, sich erheben 3
sursum	aufwärts, in die Höhe 9
suspiro 1	sich sehnen, seufzen 11
suus 3	sein, ihr 3

T

tabula, ae, f.	Brett, Tafel, Gemälde 15
talis, e	derartig 10
tam	so 6
tamen	dennoch, jedoch 4
tango 3 (tetigi, tactum)	berühren 1
tego 3 (texi, tectum)	(be)decken 3
temporalis, e	zeitlich, irdisch 14
tempus, poris, n.	Zeit 5
tenebrae, arum, f.	Schatten, Finsternis 5
teneo 2 (tenui, tentum)	(fest)halten 11
terra, ae, f.	Erde 5
terror, ris, m.	Schrecken 15
tertius 3	dritter 3
testimonium,i,n.	Zeugnis 9
thesaurus, i, m.	Schatz 3
timeo 2 (timui)	fürchten 11
timeo, ne	fürchten, dass 11
tolero 1	ertragen, aushalten 15
tollo 3 (sustuli, sublatum)	aufheben, beseitigen 3
tot	so viel(e) 6
totus 3	ganz 10
tracto 1	behandeln, sich beschäftigen 14
trado 3 (-didi, -ditum)	übergeben, ausliefern 7
traho 3 (traxi, tractum)	ziehen, schleppen 10
transeo (-ii, -itum)	hinüber-, vorbeigehen 7
tribuo 3 (tribui, tributum)	zuteilen, erweisen 13
tristis, e	traurig, betrübt 14
triumphus, i, m.	Sieg 12
tu	du 1
tum	dann, damals 5
tunc	dann, damals 5
turpis, e	schändlich, unsittlich 15
tutus 3	geschützt, gesichert, gefahrlos 12
tuus 2	dein 1

U

ubi	wo 3
ubique	überall 15
ullus 3	irgendeiner, -jemand 10
unicus 3	einzig 7
universus 3	ganz, insgesamt, allgemein 6
unus 3	ein, einziger 3
urbs, bis, f.	Stadt 6
usus, us, m.	Gebrauch, Nutzen 12
ut + Konj.	dass, damit 13
uter 3	einer von beiden 10
utor 3 + Abl. (usus sum)	gebrauchen, benutzen 4
uxor, ris, f.	Frau 3

V

vacuus 3	leer, frei 15
vado 3	gehen 1
valde	sehr 5
valeo 2 (valui, valiturum)	gesund ~, stark ~, kräftig sein 1
vanus 3	leer, unbedeutend, trügerisch 13
varius 3	verschiedenartig, bunt 2
vehemens, ntis	heftig 10
vendo 3 (vendidi,venditum)	verkaufen 6
venio 4 (veni, ventum)	kommen 1
verbum, i, n.	Wort 2
veritas, atis, f.	Wahrheit 7
vero	allerdings, in der Tat 7
verus 3	wahr(haftig), echt, wirklich 2
vesper, i, m.	Abend, Westen 15
vester 3	euer 2
vetus, teris	alt 6
via, ae, f.	Weg 2
victor, ris, m.	Sieger 11

victoria, ae, f.	Sieg 11
video 2 (vidi, visum)	sehen 2
videor 2 (visus sum)	scheinen 4
vinco 3 (vici,victum)	(be)siegen 9
vir, i, m.	Mann 1
virgo, ginis, f.	junge Frau, Jungfrau 13
virtus, utis, f.	Tugend, Tüchtigkeit 9
vis, f. (Akk. Sgl.: vim; Abl. Sgl.: vi; Nom. Pl.: vires)	Kraft, Stärke, Macht 10
vita, ae, f.	Leben 2
vivo 3 (vixi, victurum)	leben 9
vivus 3	lebend, lebendig 1
voco 1	rufen, nennen 1
volo (volui)	wollen 15
voluntas, atis, f.	Wille, Wunsch, Vorhaben 6
voluptas, atis, f.	Vergnügen, Lust 10
vos	ihr, euch 2
votum, i, n.	Gebet, Wunsch 7
voveo 2 (vovi, votum)	geloben 12
vox, vocis, f.	Stimme, Laut, Ton 11
vulgus, i, n.	(Volks-)Menge 9
vulnero 1	verwunden, verletzen 12
vulnus, neris, n.	Wunde 12
vultus, us, m.	Gesicht, Anblick 7

Verzeichnis der Textstellen

Die nachfolgenden Angaben geben die Quellen, aus denen die Passage stammen, an. Oftmals liegen in den Lektionen adaptierte Auszüge vor.

Lectio prima
1. Lk 16,27 - **2.** Lk 17,20 - **3.** Apg 16,31 - **4.** Phil 4,4 - **5.** Joh 19,15 - **6.** Mt 16,16 - **7.** Apg 22,8 - **8.** Mt 22,36 - **9.** Joh 4,16 - **10.** Joh 17,16 - **11.** Mt 12,2 - **12.** Mk 1,1-2

Lectio secunda
1. Hld 4,1 - **2.** Lk 1,46 - **3.** Joh 15,1 - **4.** Joh 14,6 - **5.** Phil 1,3 - **6.** 1 Thess 3,6 - **7.** Mt 5,44 - **8.** 1 Thess 2,20 - **9.** Gen 34,7 - **10.** Joh 1,1 - **11.** Lk 10,18 - **12.** Apg 6,8 - **13.** Gal 1,22 - **14.** Mt 6,12

Lectio tertia
1. Joh 6,52 - **2.** Mt 24,24 - **3.** Joh 11,48 - **4.** Deut 32,3 - **5.** Gen 29,32 - **6.** Jer 29,12-13 - **7.** Lk 21,25 - **8.** Lk 12,34 - **9.** Lk 23,43 - **10.** Lev 26,12-13 - **11.** Eph 5,31-32 - **12.** 11,2,4

Repetitio prima
Joh 10,11-15

Lectio quarta*
1. 1,10,16 - **2.** 8,12,30 - **3.** 13,14,15 - **4.** 1,16,26 - **5.** 3,4,7 - **6.** 13,21,31 - **7.** 2,2,2 - **8.** 6,3,3 - **9.** 1,20,31 - **10.** 9,6,14 - **11.** 1,15,24

Lectio quinta*
1. 13,28,43 - **2.** 8,10,22 - **3.** 7,21,27 - **4.** 10,31,47 - **5.** 9,8,18 - **6.** 6,6,10 - **7.** 4,4,7 - **8.** 4,5,10 - **9.** 4,14,21 - **10.** 8,6,15 - **11.** 6,7,11 - **12.** 12,19,28 - **13.** 10,33,50 - **14.** 6,16,26 - **15.** 7,6,8 - **16.** 13,32,47

Lectio sexta*
1. 3,1,1 - **2.** 4,15,25 - **3.** 7,5,7 - **4.** 8,2,3 - **5.** 8,12,29 - **6.** 8,5,10 - **7.** 6,10,16 - **8.** 10,16,25 - **9.** 4,12,19 - **10.** 4,14,21

Repetitio secunda
Übung 9: 13,32,47* - **Übung 11: 1.** 13,23,34* - **2.** Missale Romanum 2002, S. 305-306

Lectio septima*
1. 11,23,30 - **2.** 13,15,18 - **3.** 4,8,13 - **4.** 6,5,8 - **5.** 10,43,69 - **6.** 10,33,50 - **7.** 10,30,42 - **8.** 9,3,6 - **9.** 3,4,7 - **10.** 6,4,6

Lectio octava*
1. 1,9,14 - **2.** 1,16,26 - **3.** 3,11,20 - **4.** 4,3,4 - **5.** 6,6,9 - **6.** 6,9,14 - **7.** 8,6,15 - **8.** 2,7,15 - **9.** 8,1,1 - **10.** 11,6,8 - **11.** 1,11,17 - **12.** 9,8,17 - **13.** 11,23,29 - **14.** 13,38,53 - **15.** 9,4,12 - **16.** 10,6,9
Übung 6: 13,1,1

Lectio nona*
1.1,1,1 - **2.** 13,9,10 - **3.** 4,4,7 - **4.** 6,11,20 - **5.** 8,6,14 - **6.** 6,8,13

Repetitio tertia
Übung 2: 9,3,5* - **Übung 11: 1.** Missale Romanum 2002, S. 307-308 - **2.** 13,12,13*

Lectio decima*
1. 1,20,31 - **2.** 12,2,2 - **3.** 1,7,11 - **4.** 8,3,7 - **5.** 11,4,6 - **6.** 8,1,2

Lectio undecima*
1. 8,7,17 - **2.** 9,10,23 - **3.** 8,6,13 - **4.** 9,12,31 - **5.** 10,29,40 - **6.** 6,9,14

Lectio duodecima*
1. 8,1,2 - **2.** 6,5,7 - **3.** 1,4,4 - **4.** 8,3,7 - **5.** 5,4,7 - **6.** 1,13,21 - **7.** 6,15,25
Übung 7:13,20,28

Repetitio quarta*
Übung 10: 13,9,10 - 8,3,7 - 9,6,14 - 5,5,8 - 8,8,19 - 13,18,22 –
Übung 11: 1. 7,9,13 - **2.** 9,6,14

Lectio tertia decima*
1. 13,19,24 - **2.** 10,17,26 - **3.** 8,12,28 - **4.** 7,13,19 - **5.** 6,11,19 - **6.** 12,14,17 - **7.** 1,12,19 - **8.** 7,20,26 - **9.** 3,11,19 - **10.** 10,20,29 - **11.** 1,9,14 - **12.** 8,12,30

Lectio quarta decima*
1. 5,8,15 - **2.** 2,5,10 - **3.** 7,7,11 - **4.** 4,8,13 - **5.** 13,38,53 - **6.** 10,31,45 - **7.** 7,1,2 - **8.** 4,16,30 - **9.** 13,15,18 - **10.** 9,2,4
Lectio quinta decima*
1. 1,6,7 - **2.** 2,6,13 - **3.** 8,10,22 - **4.** 4,11,16 - **5.** 1,16,26 - **6.** 8,10,22 - **7.** 10,35,57 - **8.** 9,11,28 - **9.** 6,11,19 - **10.** 3,8,15 - **11.** 5,14,24 - **12.** 2,4,9

Repetitio quinta
Übung 4*: 1. 13,15,17 - **2.** 13,15,17 - **3.** 13,33,48 - **4.** 9,4,8 - **5.** 2,8,16 - **6.** 6,11,18 - **7.** 9,4,8 - **8.** 6,11,18 - **9.** 6,11,18 - **10.** 10,26,37
Übung 5*: 1. 8,1,1 - **2.** 6,11,18 - **3.** 4,6,11 - **4.** 13,34,49 - **5.** 9,4,9 - **6.** 13,21,30 - **7.** 6,5,7 - **8.** 9,10,24 - **9.** 12,7,7
Übung 10: 1. Mt 6,9-13 - **2.** Pred 3,1-8 - **3.** 10,28,39

Litterae*
1. 9,7,15 - **2.** 5,13,23 - **3.** 2,2,2 - **4.** 10,6,8 - **5.** 2,3,5 - **6.** 9,12,32

---

* Die Textstellen stammen aus den *Confessiones*.

Verwendete und weiterführende Literatur

Wörterbücher

Baier, Thomas 2013: Der neue Georges. Ausführliches Lateinisch-Deutsches Handwörterbuch 2 Bde., Darmstadt

Langenscheidts Großes Schulwörterbuch Lateinisch-Deutsch 1999, Berlin, München, Wien, Zürich, New York

Schülerduden Lateinisch-Deutsch 2015, Berlin

Sleumer, Albert 1996: Kirchenlateinisches Wörterbuch, Hildesheim, Zürich, New York

Grammatiken

Baumgarten, Hans 2012: Compendium Grammaticum, Göttingen

Bornemann, Monika u.a. 2015: Duden. Schulgrammatik extra. Latein, Berlin

Rubenbauer, Hans u.a. 1989: Lateinische Grammatik, Bamberg, München

Schlüter, Helmut u.a. 2006: Latinum. Grammatisches Beiheft, Göttingen

Schrott, Paul u.a. 2019: Capito. Schulgrammatik für das Fach Latein, Göttingen

Texte und Übersetzungen

https://www.bibelwissenschaft.de/online-bibeln/biblia-sacra-vulgata/lesen-im-bibeltext/
BibleWorks 10, 2017

https://de.scribd.com/doc/20881056/Missale-Romanum-2002
http://www.thelatinlibrary.com/august.html

Bardenhewer, O. u.a. 1914: Des Heiligen Kirchenvaters Aurelius Augustinus Bekenntnisse, Kempten, München

Bernhart, Joseph 2004: Augustinus Bekenntnisse, Frankfurt am Main, Leipzig

Flasch, Kurt u.a. 2009: Aurelius Augustinus. Confessiones Bekenntnisse, Stuttgart

Weiterführende Literatur

Gaarder, Jostein 1997: Das Leben ist kurz. Vita brevis, München/ Wien

Hofmann, Mechthild M.R. 2004: Unvergängliches Leben. Augustinus antwortet Floria, Obertshausen